THE WAY OF
LEARNING TO THE TOP

一流になる勉強法

メンタルトレーナー＆
目標達成ナビゲーター
西田 一見
Hatsumi Nishida

脳の使い方を変える「脳だま勉強法」

現代書林

本書は、イースト・プレスより刊行された
『脳だま勉強法』を再編集した新装版です。

はじめに

本書を手にしてくださってありがとうございます。


「潜在能力が開花する」

「記憶力・集中力がアップする」

「続ける力・考える力がつく」

あなたがこの1冊で、こうなれるとしたらどうでしょう？


「そんなうまい話はあるわけがない」

「きっとだまされているに違いない」

そう思ったあなた……。

本書でだまされてください（笑）。

なぜなら「だまされずに失敗する」のと「だまされて成功する」のとではどちらがいいでしょうか？

「絶対に成功できるのなら、たとえだまされてでも成功したほうがいい！」

私はそう思います。

ちょっと強烈ないい方をしましたが、大丈夫です。実際にだましたりしませんし、本当にそんなうまい話があるのです。

本書では、あなたに勉強で〝一流になる〟ためのマル秘ノウハウをお伝えします。

実は、私はこれまでビジネス、スポーツ、受験など、あらゆる分野で「スーパーブレイントレーニング（ＳＢＴ）」を指導してきました。このＳＢＴ理論は、数多くの奇跡や快挙といわれる出来事を起こしてきた究極の脳の理論なのです。

なぜ勉強に脳の理論が必要なのかというと、理由があります。

たとえば、大学入試、資格試験、就職試験などに対して、多くの人は「クリアしたい」「合格したい」と努力を重ねます。もちろんその努力のために、素晴らしい参考書を買ったり、丁寧に教えてくれるスクールに通ったりするでしょう。

しかし、たとえそれですばらしい参考書を手にしたり、熱心な講師と出会ったとしても、もしもあなたの脳が「無理だ」「できない」「嫌いだ」と反応していれば、残念ながらその努力はなかなか結果に結びつきません。

逆に、たとえいまの学力が最低でも、あなたの脳が「簡単だ」「できる」「楽しい」と反応すれば、それは必ず結果につながる努力になります。

だからこそ、私はいつも「脳が変われば人は変わる、脳が変わらなければ人は変わらない」といっているのです。

でも安心してください。ＳＢＴ理論が脳の理論だというと難しく聞こえますが、脳の構造を理解し、正しい方法で実践すれば、誰でも簡単に変わります。

このSBT理論は、大人から子どもまで、そしてビジネス、スポーツ、受験などのあらゆる分野で、夢をかなえてしまう究極の成功ノウハウです。

さて、本書のもとになっているのは、2012年にイーストプレスから出版した『脳だま勉強法』という本で、数多くの方々から喜びの声をいただきました。

それから5年たち、時代の変化に合わせて、読みやすくわかりやすく編集し、新たに出版をさせていただいたのが、この『一流になる勉強法』です。

読み進めていくうちに、あなたがこれまで頑張ってきた受験や資格試験の勉強に対する脳のとらえ方が、きっと大きく変わるでしょう。

ぜひ本書とともに、いままで気づかなかったあなたの潜在能力に気づき、ここから新しい自分に変わっていきましょう。

さあ、いまからあなたの新しいスタートです。

目次

はじめに――3

序章
勉強ができないのは、脳の使い方が下手なだけ

1 勉強は能力や時間ではなく脳の問題である――14
2 脳にだまされる前にだまし返せば成功する――16
3 脳への入力より脳からの出力を変える――18
4 ネガティブな出力をしたら無理やりポジティブに変える――21
5 成功・失敗はたった0・2秒で決まる――23

第1章
脳の使い方を理解する
大逆転合格が夢ではなくなる方法

6 トップアスリートも脳の使い方で結果が変わる――26

第2章

脳をその気にさせる

勉強が楽しくてたまらなくなる方法

7 これまでの既成概念はいますぐ捨てる 28
8 できることを繰り返すとできないことがなくなる 30
9 明確なイメージが導いた難関突破の実例 34
10 目標は合格ではなく合格したあとに置く 38
11 自分で目標を変えて逆転合格した実例 40
12 望みがかなった状態から逆算していまの自分を見る 43
13 世間のランク分けに自分を合わせてはいけない 48
14 勉強は夢を実現するための手段に過ぎない 51
15 勉強は自分を目的地に近づけてくれる楽しい作業 54
16 他者と比較しないほうが成果はちゃんと出る 56
17 勉強は最低ラインからチャレンジするほど楽しい 60
18 目標がはっきりすれば雑音は見えなくなる 63
19 勉強の動機はかっこいいからでOK 66
20 勉強は夢さえあれば何歳からでも始められる 68

21 右脳を活性化すると勉強スキルも加速する――70

第3章
脳を目覚めさせる
眠っている能力を大活用する方法

22 勉強ができない人ほど眠らせている能力が多い――74
23 PAC検査を行うと潜在能力が数値でわかる――76
24 潜在能力を目覚めさせれば大きな飛躍が期待できる――80
25 実際にPAC検査を行って自分の潜在能力を知る――83
26 勉強をする状況に身を置くことも大切――88
27 潜在能力は思っているより環境に左右されやすい――91
28 能力のムダに気づいて潜在能力を開花させた実例――93

第4章
脳を心地よくする
不安だらけを自信満々に変える方法

29 自分の脳を信じて脳の環境を整えておく――98
30 人間の脳は3つの層からできている――100

第 5 章

脳に力をつける

集中力・記憶力・持続力が上がる方法

31 大脳の神経細胞には流動型と結晶型の2つがある 103
32 IRAは無意識に強い行動を引き起こす 106
33 良い記憶を入れておくとIRAが良い行動を起こす 110
34 成功する人はイメージの枠で判断する 112
35 「できる」「できない」はどちらも脳の錯覚に過ぎない 116
36 良い出力を続ければやがて好循環が生まれる 118
37 考える前に行動すると脳はだまされる 121
38 脳をノリノリにすれば苦手意識が消えていく 125
39 マイナス感情になったら体に信号を送る 127
40 脳は空想していることも現実に近づけてくれる 130
41 アプローチシートでイメージを言語化する 134
42 思い浮かべるより書くほうが効果が高い 139
43 言語よりイメージで覚えると記憶力が高まる 143
44 覚えられない情報もイメージなら記憶できる 146

45 ペグ記憶法なら1単語を3秒で記憶できる 148
46 記憶はその日のうちに復習して定着させる 153
47 集中力が必要な勉強は脳が疲れる前にやる 156
48 西田式呼吸法を覚えて集中力をさらに高める 158
49 集中力が削がれたら鉛筆の先を凝視する 161
50 休憩は無理に取らずにプラスイメージでとらえる 164
51 果物を食べて集中力をアップさせる 166
52 将来イメージがあれば集中力は途切れない 168
53 1ヵ月で挫折するなら1日15分を半年続ける 170
54 脳への情報の数が多いほど考える力も高まる 172

第6章 脳を働きやすくする 頭が冴えわたる習慣を身につける方法

55 睡眠は時間ではなく質にこだわる 176
56 すっきり目覚められる睡眠サイクルを知る 180
57 勉強してすぐ寝ると記憶がしっかり定着する 182
58 朝食では脳が働くグリコーゲンを補充する 184

59 朝食の2時間後に脳はベストの状態になる 186
60 勉強机を片づけるより脳の環境を整える 188
61 試験直前こそふだんの自然体を保つ 190
62 自分のメンタルと向き合ってここ一番で成果を発揮する 192
63 将来イメージを突き詰めて資格試験を突破する 196
64 面接を受ける際も将来イメージがカギを握る 199

第7章 脳をあきらめさせない

大きな壁や逆境をぶち破る方法

65 失敗したとしても上を狙うチャンスと考える 204
66 どんな結果になっても出力はプラスにする 207
67 ぶつかる壁も自分が生み出したもの 209
68 エベレストでも高尾山でも登頂できれば同じ成功体験 212
おわりに 216

序章

勉強ができないのは、脳の使い方が下手なだけ

THE WAY OF LEARNING TO THE TOP

1

勉強は能力や時間ではなく脳の問題である

「いまさら英語の勉強を始めても、どうせものにはならないだろう」
「受験する大学は、予備校のテスト判定を参考に決めるつもりだ」
「合格できそうにない資格試験など、あきらめたほうが得策だ」
あなたがこんなふうに考えているとしたら、この「脳だま勉強法」は、その価値観を根底からひっくり返すことになります。

本書の初めに、とても重要なことをいっておきます。
あらゆる勉強法は、いつ始めてもOKです。

ものになるかならないかを決めるのは、スタート地点がどこにあるのかではなく、

ゴールをいかにイメージするかです。

能力や時間の問題ではなく、「脳」の問題なのです。

受験校は、自分が「かっこいい！」と憧れるところを選んでください。そして、その大学で充実した学生生活を送っているところを想像してください。そこからスタートすれば合格できます。

行政書士だろうと、宅建だろうと、**あなたに必要な資格は「取れる！」ことを前提に勉強を始めてください。**

もともと頭の良し悪しなんてありません。受かることを前提にした人は受かり、そうでない人は落ちるのです。

THE WAY OF
LEARNING TO THE TOP

2

脳にだまされる前にだまし返せば成功する

「脳だま勉強法」の根本を簡単にいうと、「脳をだまし返す」ということです。

脳をだまし返すなどというと、なにか難しいことをしなければならないと思うかもしれませんね。

その逆です。ただ**「アホ」になってくれればいいのです。**

アホに抵抗があるなら、単純になってください。

単純でも抵抗があるなら、スピーディといい換えてもいいかもしれません。要するに**「いらぬことを考えるな」**ということです。

そもそも人間は（つまりあなたは）、頭が良すぎるのです。

野生の動物は、「食うか食われるか」になったら、ライオンであろうとウサギであろうと、「食ってやる」としか考えません。

「食われるかも……どうしよう」なんて考えているヒマはないのです。

でも人間はそれをやります。頭がいいから、動く前にあれこれ悪いことを想像して、すっかり脳にだまされてしまうのです。

つまり、**自分で自信を失うことをやってしまうのです**。無意識のうちのこの行動こそが、あなたの勉強の効率を著しく落としているのだと気づいてください。

この「自信がない」という状態も、あなた自身がつくり出しているエネルギーです。あなたはすごい力を持っているのに、もったいないことに、マイナスの方向にその力を使っているのです。

それをいい方向にひっくり返してやるのが、本書で紹介する「脳だま勉強法」です。

THE WAY OF LEARNING TO THE TOP

3

脳への入力より脳からの出力を変える

勉強に限らず、私たち人間の行動は、脳の2つの作用に大きな影響を受けます。それは**脳の「入力」と「出力」**です。

勉強に関していえば、まず「勉強しよう」と思うのが「入力」です。当然のことながら、この入力がなくては勉強は始まりません。しかし、ただ思ったくらいではなかなかモチベーションは持続しませんね。この入力を確固とした明確なものにすることが大事です。

なんのために、あなたは勉強するのでしょうか？

これが、具体的で、明確で、本当にあなたの意思に沿ったものであれば、入力はかなりいい感じにできていることになります。

しかし、どんなに入力がうまくいっても、それだけではまだ不十分なのです。せっかくいい入力がなされても、それに続く「出力」を間違ってしまう人が多いのです。

「よし、今年こそ英語の勉強をするぞ！　でもな、いまからじゃな……」

「なんとしてもこの資格を取るぞ！　とはいえ、倍率がな……」

こうした、みずから否定の出力をしてしまう**「でもな」「とはいえ」という思い。この出力がある限り、どんなにいい入力をしても意味がない**のです。

意味がないどころか、かえってマイナスです。

なぜなら、**出力された言葉（言動）はそのまま再入力される**からです。せっかく最初はいい入力をしたのに、いったん出力がマイナスモードになってしまうと、ぐるぐるとマイナスの連鎖に陥ってしまうのです。

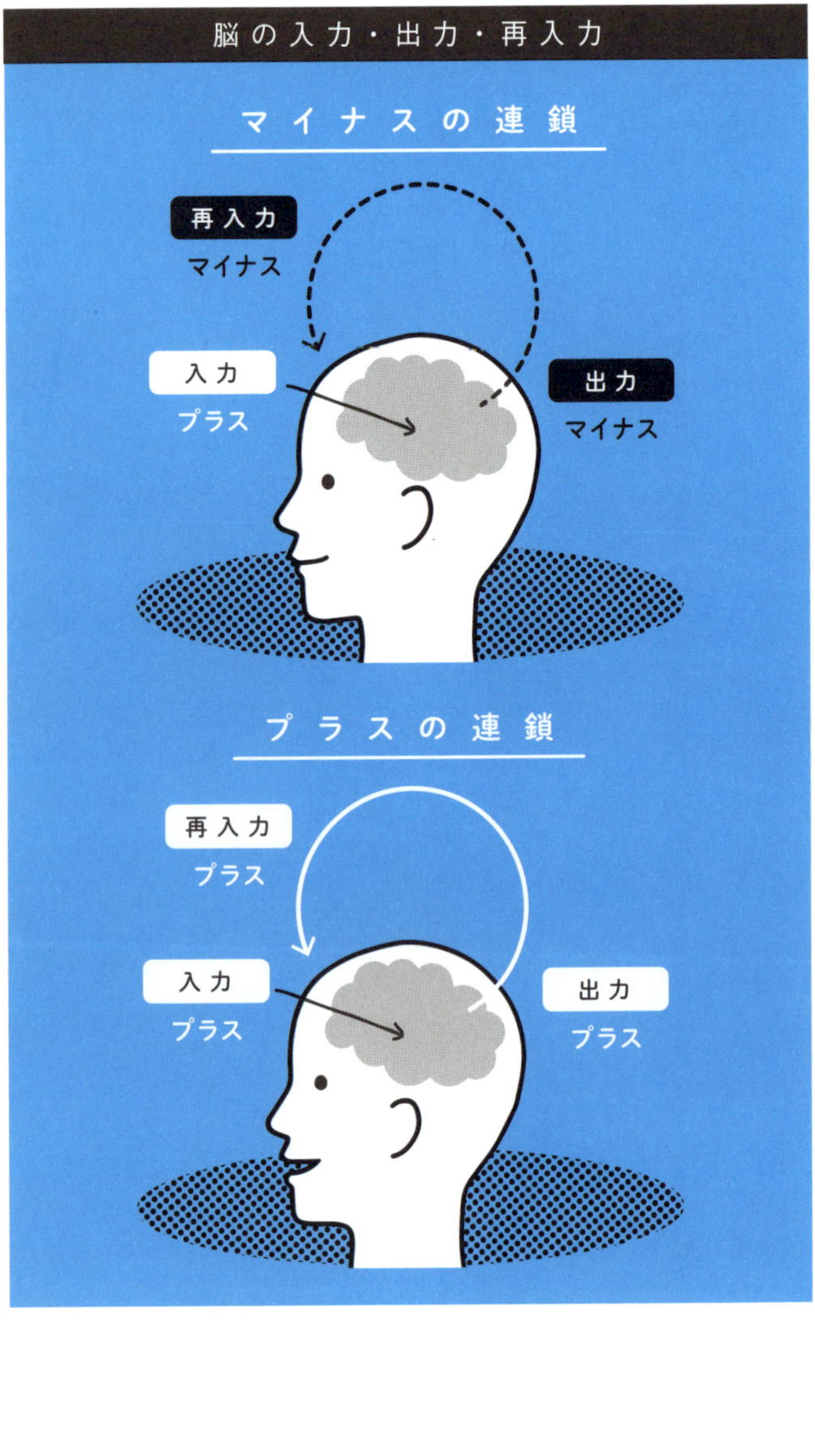
脳の入力・出力・再入力
マイナスの連鎖
再入力
マイナス
入力
プラス
出力
マイナス
プラスの連鎖
再入力
プラス
入力
プラス
出力
プラス

THE WAY OF LEARNING TO THE TOP

4 ネガティブな出力をしたら無理やりポジティブに変える

逆に、出力にプラスの言葉を用いれば、再入力もおのずとポジティブになり、好循環が生まれます。たとえウソでもいいのです。

「よし、今年こそ英語の勉強をするぞ！　**僕にはできる！**」

「なんとしてもこの資格を取るぞ！　**絶対に受かる！**」

これでＯＫ。入力も大事だけれども、脳をだますためには、出力を変えることから入るほうが簡単というわけです。

これから勉強を始めようというあなた。忘れないでください。**ネガティブな出力はまさに「悪魔の囁き」**です。

どんなに最初はやる気に満ちていても、**「でもな」「とはいえ」と思った瞬間におじゃん**です。

悪魔が出そうになったら、無理やりにでも脳内に天使を呼び込みましょう。そして、ポジティブな出力をしましょう。

いいイメージが脳内を満たせば、脳はすっかりだまされて、本当になんでもできるようになるのです。

THE WAY OF LEARNING TO THE TOP

5 成功・失敗はたった0・2秒で決まる

とはいえ、それは、そうそう簡単なことではないと感じるかもしれません。
脳の中にでっかい悪魔が居座って、天使を寄せつけないという人もいるでしょう。

悪魔より天使を強くするなら、スピードが大事です。

繰り返しますが、あなたは頭が良すぎるのです。だから、余計なことを考えるのです。
そのスキを縫って悪魔はどんどん巨大化していくのです。
悪魔にそんな時間を与えてはいけません。

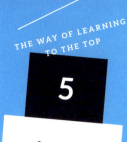

ポイントは「0・2秒」。

なぜ0・2秒なのかは後述しますが、瞬時の切り替えが勝負を決めます。

「勉強しよう」と思ったら、続く0・2秒で、いい言葉を口に出してください。

「さあ勉強しよう。よし、今日もいい調子。バッチリだ！　なんせ僕はすばらしい目的を持っているんだからな」

「さてと、勉強の時間よ。私、どんどん合格に近づいている。楽しみだなあ」

こんな感じです。

さてここまで「脳だま勉強法」のほんのさわりを述べてきました。

ここからは具体的に、その効果を実証していきましょう。

第 1 章

脳の使い方を理解する

大逆転合格が夢ではなくなる方法

THE WAY OF LEARNING TO THE TOP

6

トップアスリートも脳の使い方で結果が変わる

私は、サンリ能力開発研究所において、大脳生理学や心理学、および科学的なメンタルトレーニングを活用することによる能力開発プログラム「スーパーブレイントレーニング（ＳＢＴ）」の開発・研究に取り組んできました。

そこでは、小学生からビジネスパーソンに至るまで、あらゆる年代の、さまざまな状況にいる人たちの指導を行っています。

また、プロ野球やサッカー・Ｊリーグをはじめ、スポーツ界の有名アスリートたちの成績を飛躍的に伸ばすことにも成功しています。

その経験を通して、はっきりいえることがあります。

それは、**スポーツも、基本的に「脳の問題」**だということです。

私自身はごくふつうのビジネスマンで、読者のあなたと同等の体力と運動神経しか持っていません。むしろ同年代の男性と比べたら華奢な部類に入ります。

そんな私のアドバイスによってプロのアスリートの能力が花開くのは、体力や運動神経と同じくらい「脳」が大事だからです。

たとえば、プロ野球のピッチャーなら、技術的な部分ではピッチングコーチのアドバイスが不可欠でしょう。でも、それだけでは大成しません。

そこで得た技術を、**大事な場面で100%出せるかどうかが重要**なのです。

私がアドバイスしているのは、まさにここです。

体力や運動神経は突出しているけれども、脳の訓練ができていないアスリートと、体力や運動神経はそこそこでも、脳をうまく使えるアスリートでは、いざというときに後者のほうが勝つのです。

THE WAY OF LEARNING TO THE TOP

7

これまでの既成概念はいますぐ捨てる

スポーツですらそうなのですから、勉強ならなおさらのことです。
自分の脳の使い方ひとつで、勉強内容の理解度も、試験の合格率も、ガラリと変えることができます。

でも、勘違いしないでください。

私が先ほどから述べている「脳」とは、「脳のしくみ」のことであって、ＩＱのことではありません。

「脳が大事だというのなら、持って生まれた知能指数で決まってしまうわけか？」

こんなふうに思わないでください。

そうした**数値的基準など、気にする必要はまったくありません。**

そもそも、私にいわせれば、持って生まれた頭の良し悪しなんてない！

あるのは**「脳のしくみの使い方」の上手、下手だけ**です。

「自分は人と比べて頭がいいほうではない」

「これまでもいい成績は取れなかった」

こんな思いは、いますぐ捨て去ってください。

つまらない「既成概念」にとらわれている限り、「脳だま勉強法」はうまくいきません。

ここから自由になったとき、できないことなんて、ひとつもなくなるのです。

THE WAY OF LEARNING TO THE TOP

8 できることを繰り返すとできないことがなくなる

私が指導している中学生で、足が遅いのが悩みの男子生徒がいました。運動会の100メートル競走ではいつもビリ。それが影響して、スポーツ全般から勉強に関してまで、あらゆることに自信が持てずにいました。

彼は、スタートを切るのは早いのだけれど、決まって20メートルくらいのところで失速し、残る全員に追い抜かれてしまうのです。

こうしたとき、多くの指導現場では、何度も100メートル競走をさせて実力をつけさせようとします。

しかし、それは大間違いなのです。

何度も同じように走って、何度も途中で追い抜かされているうちに、その人の脳には**「追い抜かされる」イメージ**ばかりが残ってしまいます。

その**イメージに脳はだまされて、どんどん自信を失っていきます。**

私が彼に対して行った指導は、10メートルダッシュばかりを徹底的に繰り返させるというものでした。

すると、彼の脳は**自分のトップスピードだけを記憶**します。つまり、**脳をだまし返すことで、「勝てる」と思うことができる**のです。

そして、実際に彼は100メートル競走で1位を取るまでになりました。

できないことをできるようにするためには、まずは**できることを繰り返して自信をつける**ことが大事なのです。これは、スポーツでも勉強でも、子どもでも大人でも、同じように当てはまります。

脳に自信を植えつける方法

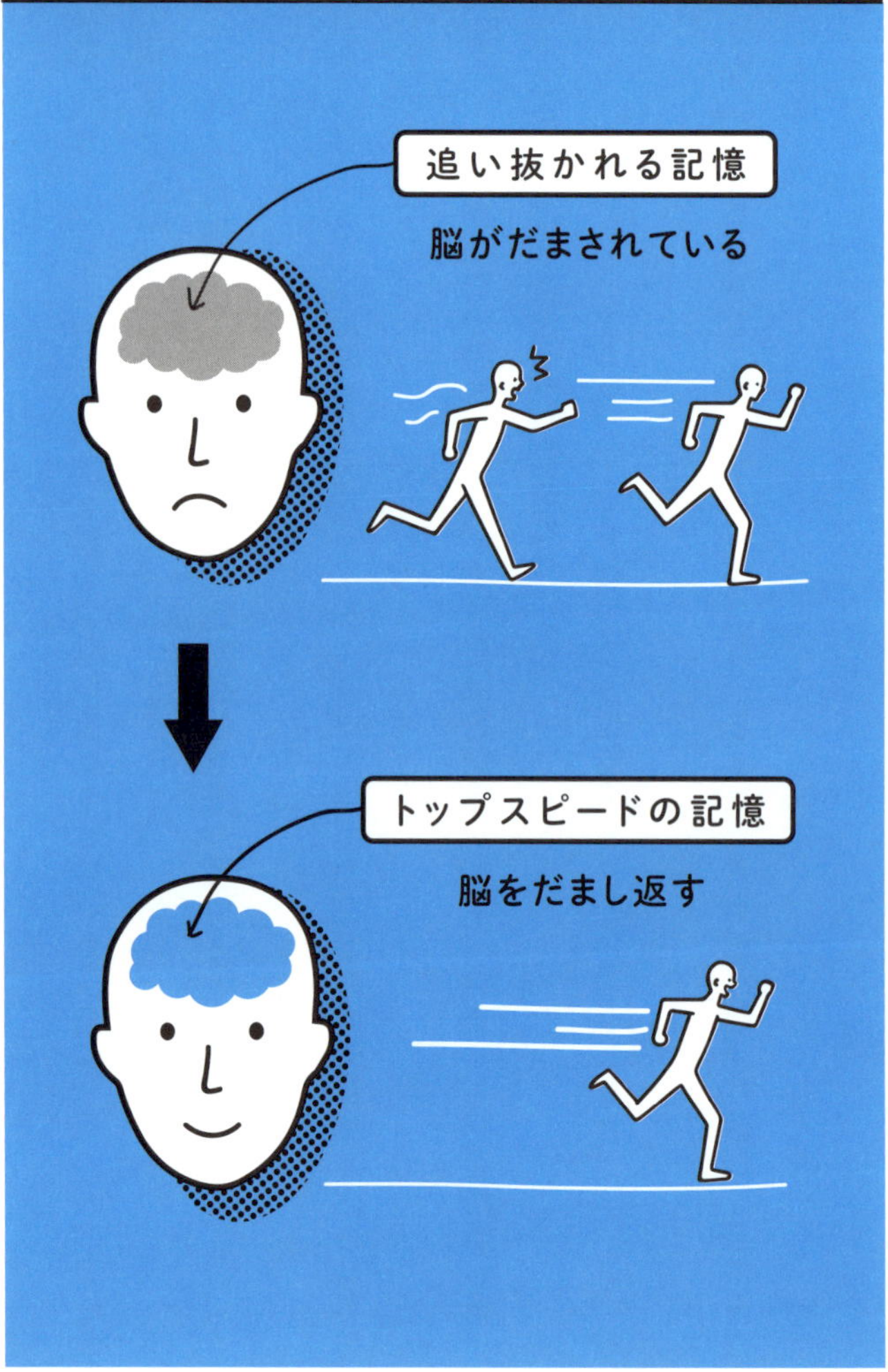

たとえば、あなたが英語の勉強を始めるとしましょう。

「知らない単語を少しでもたくさん覚えなくては……」

こう考えて、いきなり難しい単語にチャレンジしたら失敗します。なかなか覚えられなければ、脳に「できない」とインプットされてしまいます。

最初は、知っている単語を復習したり、中学校の教科書を開いてみたりして、**「ああ、わかるわかる」と実感することからスタート**しましょう。

「できる」と脳に思い込ませれば、なんだってできるようになります。

脳を「できる」「わかる」とだまして、勉強効率をこれまでの何倍にも引き上げる。

これが「脳だまし勉強法」なのです。

THE WAY OF LEARNING TO THE TOP

9 明確なイメージが導いた難関突破の実例

私の教え子たちの中には、東大、京大、医大など、いわゆる〝難関〟大学に合格した学生が大勢います。

彼らに共通しているものは、なんだと思いますか？

ＩＱが高いことでも、模擬試験の判定がいいことでもありません。

その大学に合格して、なにがしたいのか？

そこで学んだ結果、どんな生き方をしたいのか？

こうした目的意識が明確であること。それだけです。

逆にいえば、これが明確でなければ合格できないのです。なぜなら、勉強に打ち込むモチベーションが続かないからです。

地方の有名医大に合格したA君は、私のところに初めて来たときは、その能力のほとんどを眠らせたままでした。代々医者の家庭に育ち、本人も地元の医大に進学したいと思っていたものの、かなり厳しい状況でした。

「僕だって医者になりたいけれど、でも、この学力じゃな……」

本人がこう考えているのがよくわかりました。このままでは、医大をあきらめるか、さもなくば、どこか無名の大学の医学部を探すしかありません。

そこで、私は彼に最も重要なことを尋ねました。

「医者になりたいのはいいけどさ、医者になってなにがしたいの？」

志望大学うんぬんの前に、私には彼が医者になってイキイキと活躍しているイメージがわかなかったのです。

だって、彼自身がそれを持っていないのですから、私に伝わるはずがありません。

私の言葉に、彼はハッとした顔になりました。そして、それまで考えたこともなかったことが頭の中で回りはじめたようです。

「家族が医者だから医者になりたい」と漠然と思っていたのが、初めて〝自分の将来像〟を突き詰めて考えることになったのでしょう。


「僕は世界中の人たちを救うことができる医者になりたい」

彼はある日、明確に私に語りました。

災害の被災地、過疎地、貧しい地域では、一刻も早い医者の助けを必要としている人たちが大勢いますね。

そうした人たちを助けられる人間になりたい。そのために**「医者」が持つ技術が必要なのであって、「医者になること」が目的ではない**と気づいたのです。

「なるほど。じゃあ、そうしよう」

あとは実現するだけの話です。

部活にも打ち込んでいたため、現役合格はあきらめたものの、**「翌年の3月8日にB医大に合格する」**と決めて、あとはまったくぶれることなく勉強に没頭しました。そして見事に合格したのです。

その後、A君は私にこう報告してくれました。

「まさか自分が、あきらめずに第1志望の大学で医師への道をスタートできるとは、数年前までは思っていませんでした」

数年前とは、初めて彼が私のところにやって来たときです。

彼のマインドは、「第1志望には合格できっこない」というものでした。脳がそう思い込んでいる限りは、合格できっこありません。

でも彼はあるときを境に、明確なイメージを持つことになりました。

明確なイメージさえ持てば、もう大丈夫。

脳はそれを実現する方向にしか働かないのですから。

THE WAY OF LEARNING TO THE TOP

10 目標は合格ではなく合格したあとに置く

A君の事例から、あなたは重要なヒントを得たと思います。

あなたが勉強しようと思っていることがなんであれ、その目的を明確にしなければならないということです。

「東大に入りたい」は、目的ではありません。

「司法書士の資格を取りたい」は、目的ではありません。

そんなことを目的にしているから、勉強がつまらないのです。やる気も起きず、勉強を続けるのがつらくてたまらなくなるのです。

東大に入って、そこでなにを学び、どうしたいのか？

司法書士の資格を、自分の人生にどう生かしたいのか？

これを突き詰めて考えると、もしかしたら東大よりもいい大学があるかもしれません
し、司法書士ではない資格が必要なのだと気づくかもしれません。

いずれにしても、**自分が勉強して得た結果で、自分が最高にご機嫌で過ごしている様子**がイメージできないのなら、方向性が違う可能性があります。

「脳だま勉強法」は、脳の思い込みを利用します。

脳が「それだ！」と納得し、実現に向かって一直線に突っ走ってくれるから、どんなことでも可能になるのです。

「それだ！」を見つける前に、ダラダラと勉強に手をつけても時間のムダ。

まずは、とことん「目的」を考えてみましょう。

THE WAY OF LEARNING TO THE TOP

11 自分で目標を変えて逆転合格した実例

勉強する目的が明確で、それによって自分の人生がイキイキと輝いている様子がイメージできたら、もう**半分は成功したも同然**です。

あとは、**脳に思い込ませて実現まで突っ走るのみ**です。

でも、ここで〝いらぬ邪魔〟が入ることがあります。

「いや、キミでは合格できないよ」

「いくらなんでも無理だよ。頭を冷やせ」

「もっと自分に合ったところを狙いなさい」

こんなふうに勝手なことをいう人たち……。

しかも、それが学校の担任の教師だったりするのですね。

私の教え子であるC君は、まさにそんな〝いらぬ声〟に、すっかりだまされるところでした。

C君は、私のところに来たばかりの頃、こういいました。

「自分にはX大学あたりがいいのかなと思っています。担任の先生も、そこなら大丈夫だろうといっているし……」

じつは、私はX大学を知りませんでした。だから、なんとなくピンと来ません。

「X大学って、C君にとってかっこいいの？」

「いや、かっこいいとは思わないです」


かっこいいと思えないところを目指して、いい勉強ができるはずがありません。

「じゃあ、C君にとって、かっこいい大学はどこ？」

「本当は、Y大学の英文科に行きたいんです」

「じゃあ、Y大学を受けようよ」

「でも、担任は絶対に無理だっていうし、実際に模試でもE判定ですから……」

なんとC君は、担任からも模試結果からも、勝手に自分の将来を決めつけられているのです。


「いまE判定だからって、どうしたの？ **最終的に受かればいい**じゃん」

私は迷うことなくC君にいいました。

サッカーにたとえると、いまどこでボールをキープしているかよりも、最終的にゴールできるかどうかが問題なのです。


「E判定の大学には合格できるはずがない」なんて、思い違いもいいところなのです。

実際に、C君は私の言葉ですっかり目覚め、E判定だったY大学英文科に現役合格を果たしました。

THE WAY OF LEARNING TO THE TOP

12 望みがかなった状態から逆算していまの自分を見る

どうしてC君はE判定だったY大学に現役合格できたのか。

それは**「合格」から逆算して「いま」を見るようになったから**です。

担任の教師は「いま」から「合格」を見るから「無理だ」と思うのです。

富士山のふもとから頂上を眺めたら、誰だってこう思ってしまいます。

「ああ、こんな高い山、どうやって登ればいいのだろう……」

でも、頂上にたどり着いた人からは、どういうルートを、どういう日程で登ればいいかがよく見えるのです。

だったら、最初からその思考法を取ればいい。**先に頂上に立って考えればいい**ではないですか。

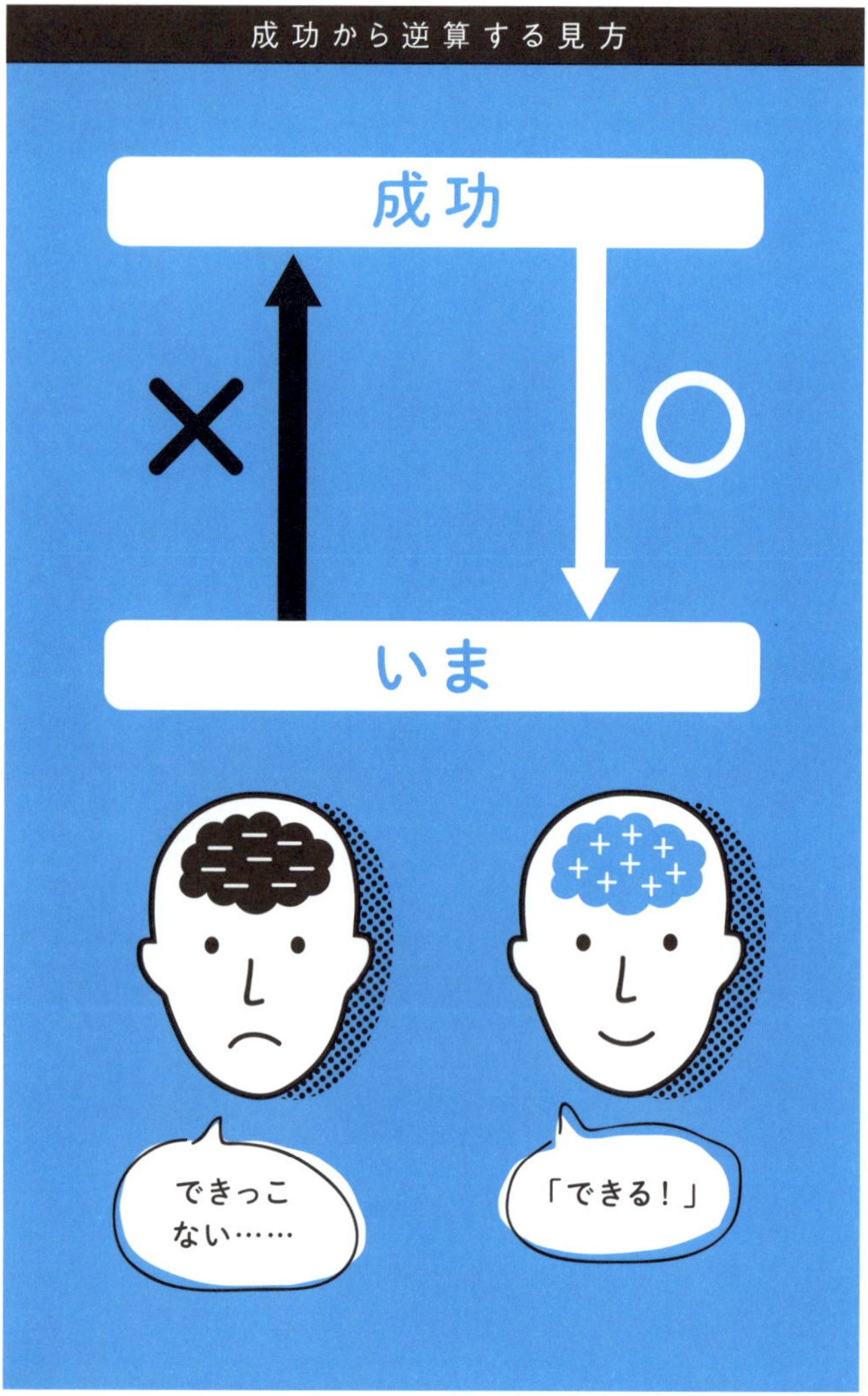
成功から逆算する見方
成功
×
○
いま
できっこ
ない……
「できる！」

私はC君に、Y大学英文科に受かった状態から逆算して、すべてを考えるようにアドバイスしました。そして、彼はそれを実行しました。

それ以来、C君の様子は一変。なにしろ、本人の中ではすでにY大学英文科に合格しているのですから、やけに楽しそうで、自信満々なのです。

もちろんE判定がすぐに変わるはずもなく、まわりからは相変わらず「厳しいのでは？」という評価を受けていましたが、C君には自分が進むルートがしっかり見えています。

その証拠に、C君は部活の夏合宿に英語教材のDVDを持参していいかと顧問に聞いたそうです。顧問に説明した理由が、なかなか見事なものでした。

「受験日から逆算したら、それが必要なんです。合宿の自由時間が合計で○時間あるので、その時間にDVD○本を見ることができれば、計画通りに間に合うのです」

半信半疑の顧問の反応とは裏腹に、C君は自分が描いたルート、すなわち「Y大学英文科現役合格」という頂上から見たルートを着実に登っていきました。

そして、〝予定通り〟に合格して見せたのです。

あなたが英検1級を目指して勉強するとしましょう。

いまのあなたが4級しか持っていなくても、それはまったく問題ありません。逆に、2級を持っていたとしても、それはなんの保証にもなりません。

要は、「1級に受かる」というところから考えられるかどうかなのです。


考えてもみてください。幼稚園児相手に、こんなことをいうでしょうか?

「え? かけ算できないの? それじゃ高校に行けないよ」

いまの学力から判断するということは、そういうことです。


「脳だま勉強法」なら、まわりの〝いらぬ雑音〟など、全然気にする必要はありません。

「すでに望みがかなっているところ」から逆算して勉強するだけですから、楽しくて仕方がなくなるのです。

第 2 章

脳をその気にさせる

勉強が楽しくてたまらなくなる方法

THE WAY OF LEARNING TO THE TOP

13

世間のランク分けに自分を合わせてはいけない

本書を手に取ってくれたあなたは、なにかしらの理由で「勉強したい」とか、「勉強しなくちゃ」と考えているのだと思います。

そして、過去にも、さまざまな勉強法を試してきたはずです。

しかし、残念ながら、これまでの勉強法は、どれもあなたに〝限界〟をつくることはあっても、無限大の可能性を実感させてくれることはなかったのではないでしょうか？

というのも、学校教育をはじめとした教育現場では、人を〝ランク分け〟して考えるクセがあるからです。

「いや、そんな差別はしていない。できる子だって、できない子だって、同じように価値があるのだ」

現場の先生はこう弁明するでしょう。しかし、この弁明こそが、すでにその子を決めつけている証拠なのです。

「脳だま勉強法」には、そもそも「できる・できない」はありません。「できる」に決まっています。

それを**本人が選ぶかどうか**だけなのです。

「Sさんは能力があるから、頑張れば医学部に入れる」

「T君は医学部は無理でも、ほかの才能を伸ばしたらいい」

これが、これまでの〝常識ある〟教育現場の考え方です。

T君には医学部はあきらめてもらうということを前提に、まわりの人が勝手に決めつけているのです。

こうした考え方の怖いところは、**当の本人までもが「そういうもんだ」と自分の枠を**

設けてしまうことです。

その連鎖で、ますます〝ランク分け〟が進んでしまう。

こうなると、勉強のスタートの仕方からして間違ってしまうのです。

「世間のランク分けで、自分ができるとされていることをやろう」

つまり、本当に自分がやりたいことではないところを目指すことになります。

だから、真の目的が見出せない。

だから、勉強がつまらない。

だから、効果が上がらない。

あなたにとって、勉強とは、これまでこういったものではなかったでしょうか？

それを根本から変えるのが、「脳だま勉強法」なのです。

THE WAY OF LEARNING TO THE TOP

14 勉強は夢を実現するための手段に過ぎない

「脳だま勉強法」に取り組むあなたが、まず考えなければならないのは、「自分はなぜ勉強するのか」ということです。

「試験に受かりたいから」

「資格を取りたいから」

たしかに、その通りでしょう。

でも、これらはあくまで手段であって、本当はその先にもっと**本質的な目的**があるはずです。

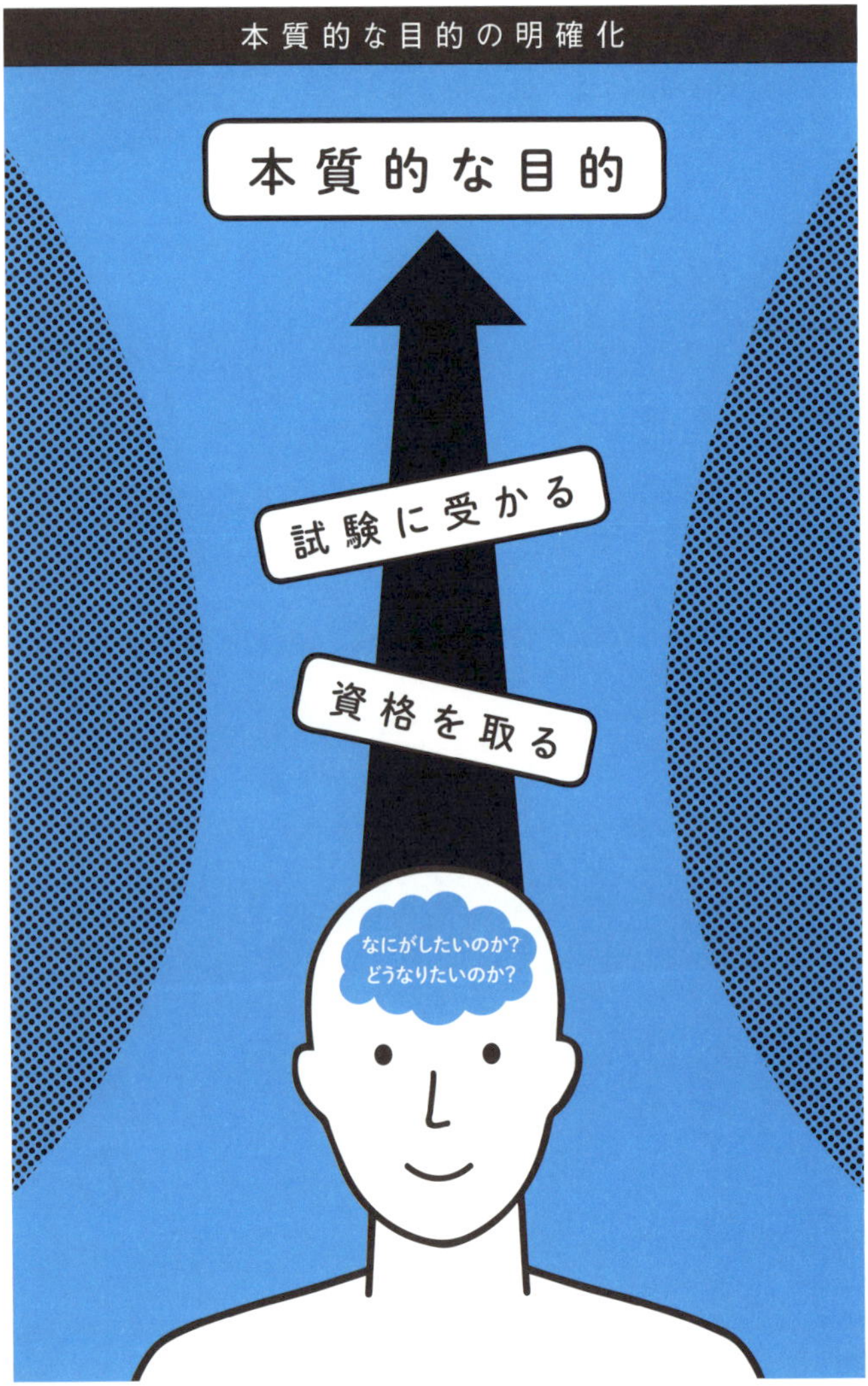
本質的な目的の明確化
本質的な目的
試験に受かる
資格を取る
なにがしたいのか?
どうなりたいのか?

自分は、どうして勉強するのか？

この試験に受かって、その結果どうしたいのか？

取った資格を生かして、なにがしたいのか？


それを突き詰めて考えることは、あなたの人生を非常に明確なものにします。


「先生にこのレベルなら受かるといわれたから」

「親が満足してくれそうだから」

こんな理由で勉強していても、あなたが本当に進むべき方向には行けません。


自分の行く先をはっきり照らし出してくれるのが「脳だま勉強法」です。

THE WAY OF LEARNING TO THE TOP

15

勉強は自分を目的地に近づけてくれる楽しい作業

自分が行くべき道がはっきり見えていたら、どんな勉強も苦になりません。

本来、勉強とは、**自分をどんどん目的地に近づけてくれる「楽しい作業」**なのです。

もし、これまであなたがそれを実感できていなかったとしたら、それはこれまでの教育によって、勉強が〝やらなければならない〟ものになっていたからです。

「親が弁護士になれといったから」

「教師に東大合格圏にいるとハッパをかけられたから」

「いとこたちも医者ばかりだから」

こんな理由で勉強して、たとえその通りになったとしても、それであなた自身は幸せなのでしょうか？

私は、こうした教育を「ダメ教育」と呼んでいます。なにがダメなのかといったら、勉強に没頭するのに最も重要な**「本人の興味」を阻害している**ことです。

つまり、勉強する本人にとって、その意味が見出せなくなっているのです。

本当だったら、興味を喚起しなければいけません。

「どんな弁護士になって、どんな人を助けたいの？」

「東大では、どんな専門分野を研究したいの？」

「どんな内科医になって、どんな治療をするの？」

こうして、本人にイメージをふくらませて、みずから「やりたい！」と思わせることができるのが「夢教育」です。でも実際は、その逆の「ダメ教育」をされて、勉強嫌いになってしまった人が多いのです。

これから、あなたは**自分自身に「夢教育」をしてあげる**必要があります。

「脳だま勉強法」は、勉強そのものを好きになれる唯一の方法なのです。

THE WAY OF LEARNING TO THE TOP

16 他者と比較しないほうが成果はちゃんと出る

偏差値で判断する教育現場では、他者との比較に頼らざるを得ません。

たしかに、試験には「受かる人」と「落ちる人」がいます。ましてや合格定員数が決まっている試験なら、他者との競争が存在します。

だから、2人の生徒が同じ大学の同じ学部を受験する場合、いまの成績がいいほうが受かると、単純に考えてしまいます。

でも、**実際にはそんなことはわからない**のです。

そもそも、「A判定」と「E判定」の間にたいした差があるわけではありません。現場の先生たちが、自分たちが判断する目安を求めているだけなのです。

実際に**「A判定」も「E判定」も同じライン上にいます。**それが合格地点から200メートルなのか、1キロなのかというだけです。

「A判定」の友人が、200メートル歩いてゴールするか、150メートルのところでこけてしまうかは、あなたには関係のないことです。

「E判定」の人がやるべきことは、ゴールまでの1キロを、こけずに歩き通すことだけなのです。

「僕はまだこんなところにいるのに、友人はずっと前にいる」

こんなふうに考える必要はありません。

他者と比較しながら勉強するのは、じつにバカげています。**比較すべきは、他者とではなく、「自分の将来イメージ」とであるべき**なのです。

将来イメージの重要性

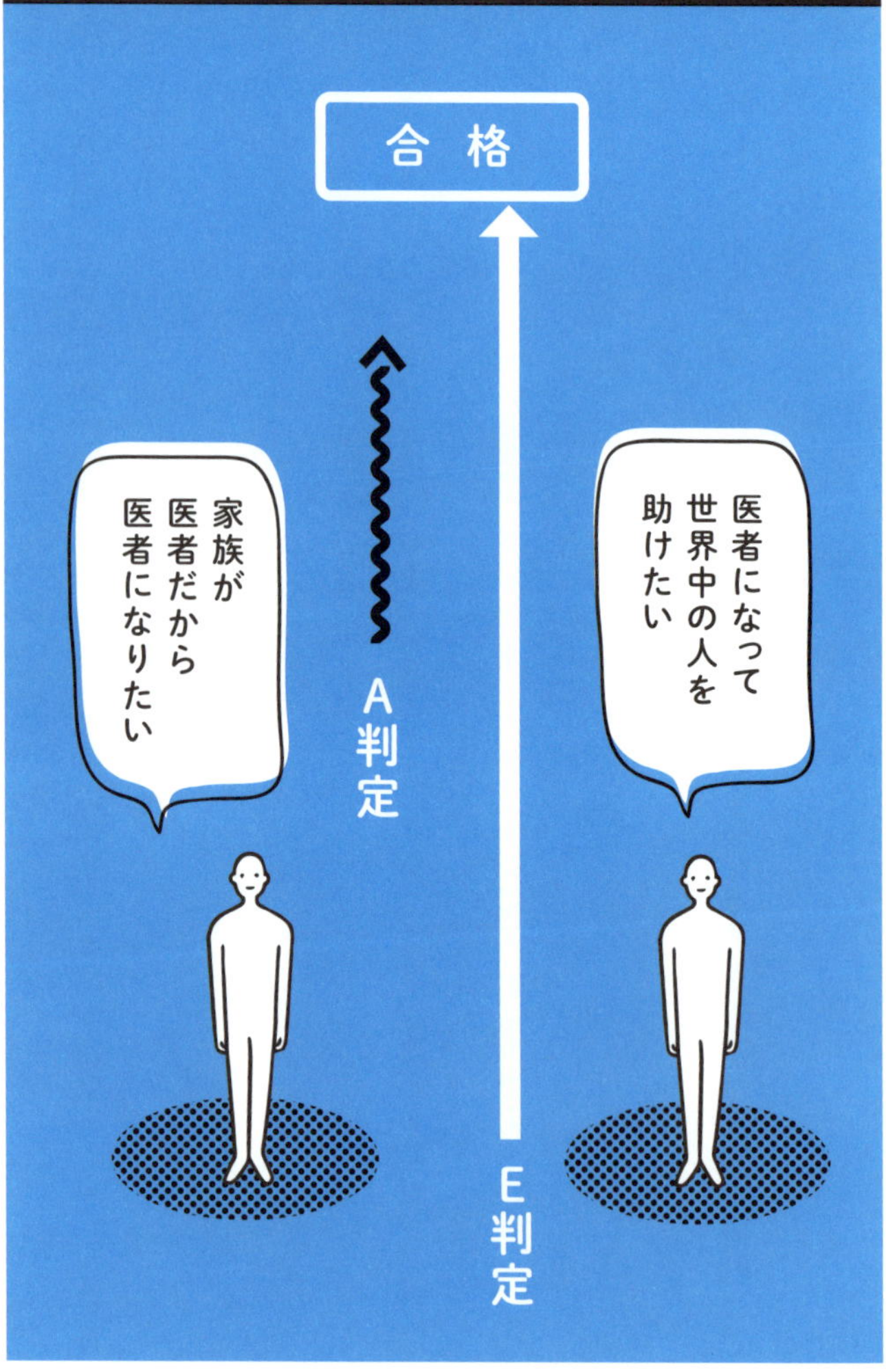

赤ちゃんが立てるようになるまでの時間には、それぞれ差があります。しかし、大人になったときに、立つのが早かった子のほうが、遅かった子より優秀だということはありません。

メジャーリーグで活躍しているイチロー選手だって、オリックスに入団したのはドラフト4位でした。

しかし、彼は自分の将来イメージがしっかりしていたから、あっという間にほかの選手を抜き去ってしまったのです。

「脳だま勉強法」なら、他者の動向なんてまったく気になりません。

THE WAY OF LEARNING TO THE TOP

17 勉強は最低ラインからチャレンジするほど楽しい

「でも、２００メートルに比べて1キロは長いよ」

こう弱気になっているあなたに、ここでもうひとつ重要なことを述べましょう。

「A判定」から試験に合格するということは、じつに「無難なこと」です。

無難なことは楽しいですか？

無難な試験に合格した人間は、チャレンジしていない分、どこか不完全燃焼な思いを抱えています。

その結果、あとから不満が噴出します。

いい大学、いい就職先に合格したのに、人生を楽しめず、文句をいってばかりで会社を辞めてしまう人の多くは、圧倒的に「無難組」といえます。

なぜなら、「無難組」は安全地帯を歩くことばかり考えていて、そこから抜け出た自分の将来イメージを高く持つことができていません。だから、いつもどこか抑制された気分に陥ってしまうのです。

そもそも、**無難な発想は、世の中の基準や他者との比較で生まれます。**「本当に自分はどうしたいのか？」が、すっぽり抜け落ちているのです。

そうした人たちの無難な人生より、将来イメージを明確に持てる人がより遠くに行こうとすることのほうが、はるかにおもしろいと思いませんか？

他者との比較ではなく、**自分の将来のイメージと比較すれば、自分で自分に的確なアドバイスができます。**

「いま、キミ（自分のこと！）は合格までの4合目に来ているから、年内にこれをやればOKだよ」

こんなふうにです。

「将来の自分から、いまの自分にアドバイスする」という表現が、どうもピンと来ない人もいるかもしれません。

でも、いまのあなたは、小学生だった頃の自分にアドバイスできるでしょう？

それと同じことを先取りしてやればいいのです。

「脳だま勉強法」は、最低ラインからチャレンジできるからおもしろいのです。

THE WAY OF LEARNING TO THE TOP

18

目標がはっきりすれば雑音は見えなくなる

エジソンなどの発明家や、ノーベル賞を受賞するような研究家は、物事を否定しません。あらゆる可能性を否定しないからこそ、新しい発見もできるというものです。

「オマエのこの学力じゃ、絶対に無理だよ」

こんなふうに否定から入る先生やまわりの人は、自分が「できない」だけなのです。

夢を持っていない人や、人生をあきらめている人は、なんでも否定から入ります。

残念ながら、世の中にはこういう大人が多いため、みんな「そういうものだ」と思い込まされているのです。そんな**雑音は無視してください。**

雑音に振り回されがちな教え子たちに、私が試して見せる方法があります。

彼らの目の前に私の手をかざし、それを振って見せながら聞くのです。

「なにが見える？」

「先生の手が見えます」

これが雑音しか聞こえなくなっている状態です。

次に、私は壁の絵を見るようにいってから、同じように目の前で手を振ります。

「なにが見える？」

「絵が見えます」

これが、目的がしっかり見えていて、雑音が気にならなくなっている状態です。絵を見ようとしている彼らの目には、私の手も入りはするでしょうが、それよりも遠くの絵のほうがはっきり見えるのです。

目的をしっかり見据えている「脳だま勉強法」なら、〝否定したがり人間〟たちの雑音に振り回されることはありません。

雑音が気にならなくなる方法

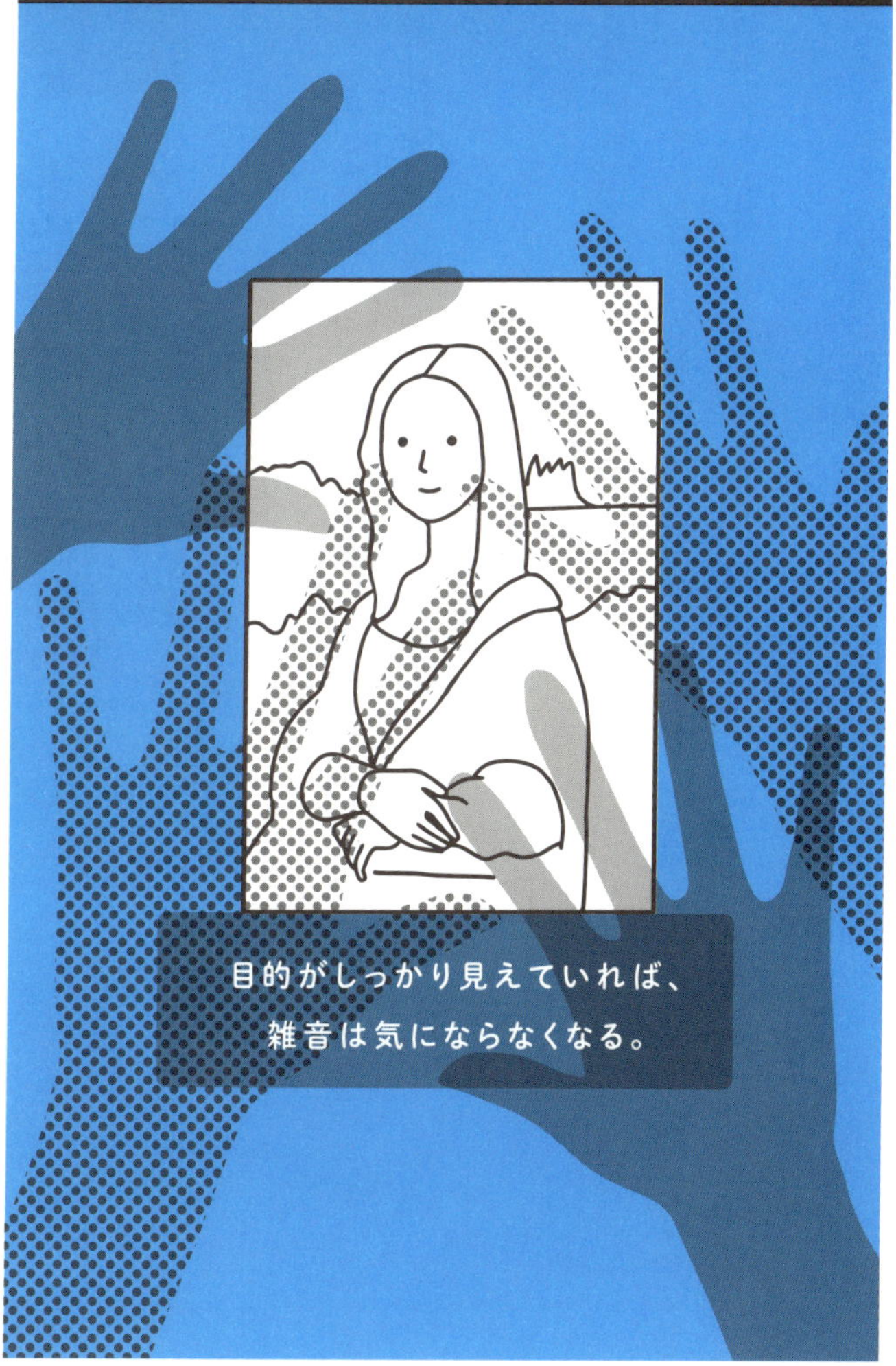
目的がしっかり見えていれば、
雑音は気にならなくなる。

THE WAY OF LEARNING TO THE TOP

19 勉強の動機はかっこいいからでOK

たくさんの教え子を見ていると、そのほとんどが、〝あるとき〟を境にワクワクと自信に満ちた態度で勉強に取り組みはじめるのがわかります。

〝あるとき〟とは、自分の将来イメージが明確になったときです。

自分で描き出した将来イメージは、「かっこいい」ものに決まっています。

そして、**そうなることが不可能でもなんでもなく、逆算していけばきちんと手に入るもの**だとわかれば、ワクワクしないはずがありません。

それを、進路指導の先生などは、自分の指導実績を上げるために、生徒を無難な枠に当てはめてしまいます。

それではとうてい生徒はワクワクできないし、ワクワクできなければ、無難な目標に対してさえ自信が持てなくなって、冴えない表情を見せることになります。

だから、大学選びも資格試験も、あなたが**「かっこいい!」と思えるところ、想像しただけでワクワクできるところを狙ってください。**

「バリバリの外科医になりたいけれども、医学部なんて無理だから、せいぜい国立大学を目指そう」

「本当は司法試験を受けたいけれども、現実的なところで宅建でも取っておこう」

こんな考えはすっぱり捨てて、「かっこいい!」で選んでください。

「脳だま勉強法」なら、一番かっこいいあなたになれるのです。

THE WAY OF LEARNING TO THE TOP

20

勉強は夢さえあれば何歳からでも始められる

以前、新聞でおもしろい記事を見つけました。

中学校を卒業してすぐに社会に出た大工さんが、20代後半になってから有名大学を受験して合格したというのです。もっとも、これだけなら特別にめずらしい話ではないかもしれません。

私が興味を持ったのは、その大工さんの中学校時代の成績です。音楽と技術・家庭だけが「2」で、ほかは全部「1」だったそうです。

この人は自分が「優れている」音楽か技術・家庭で身を立てようと思い、大工さんになったのです。**最高にポジティブな考え方**だと思いませんか？

こういう人だから、いったん自分が「大学に入りたい」と思ったら、できると信じて疑わないのでしょう。

小学校3年生の教科書からやり直して大検（大学入学資格検定）を受け、見事、有名大学に合格したそうです。

こんな事例があってもなお、あなたは「いまさらできっこない」と思いますか？

富士山に登ったことがない人だって、エベレストに登ることはできるはずです。

でも、「富士山にも登ったことがない人間にできるはずがない」と勝手に決めつけてしまう人、物事を〝難しく難しく〟考えてしまう人たちが多すぎるのです。

この大工さんは、「高校にも行っていない人間が大学に行けるはずがない」などと考えなかった。**「行こうと思った人間が行けるのだ」**ということを見事に証明してくれています。

「脳だま勉強法」は、「いまさらできない」は認めません。

THE WAY OF LEARNING TO THE TOP

21

右脳を活性化すると勉強スキルも加速する

脳には「右脳」と「左脳」があることはご存じでしょう。

「左脳」は論理的・分析的な脳であり、主に言語を司っていて、過去を考える脳ともいえます。記憶に関しては、「左脳」はひとつずつ浅くしか覚えることができません。

「右脳」は感覚的・総合的な脳で、将来を考える脳であり、イメージやカンと大きく関わっています。「右脳」は、たくさんのことを深く記憶することができます。

これまでの勉強法では論理的・分析的な「左脳」が主に使われていましたが、「脳だま勉強法」は「右脳」を大いに刺激します。

将来イメージをふくらませるだけでなく、記憶や集中といった具体的な勉強スキルに

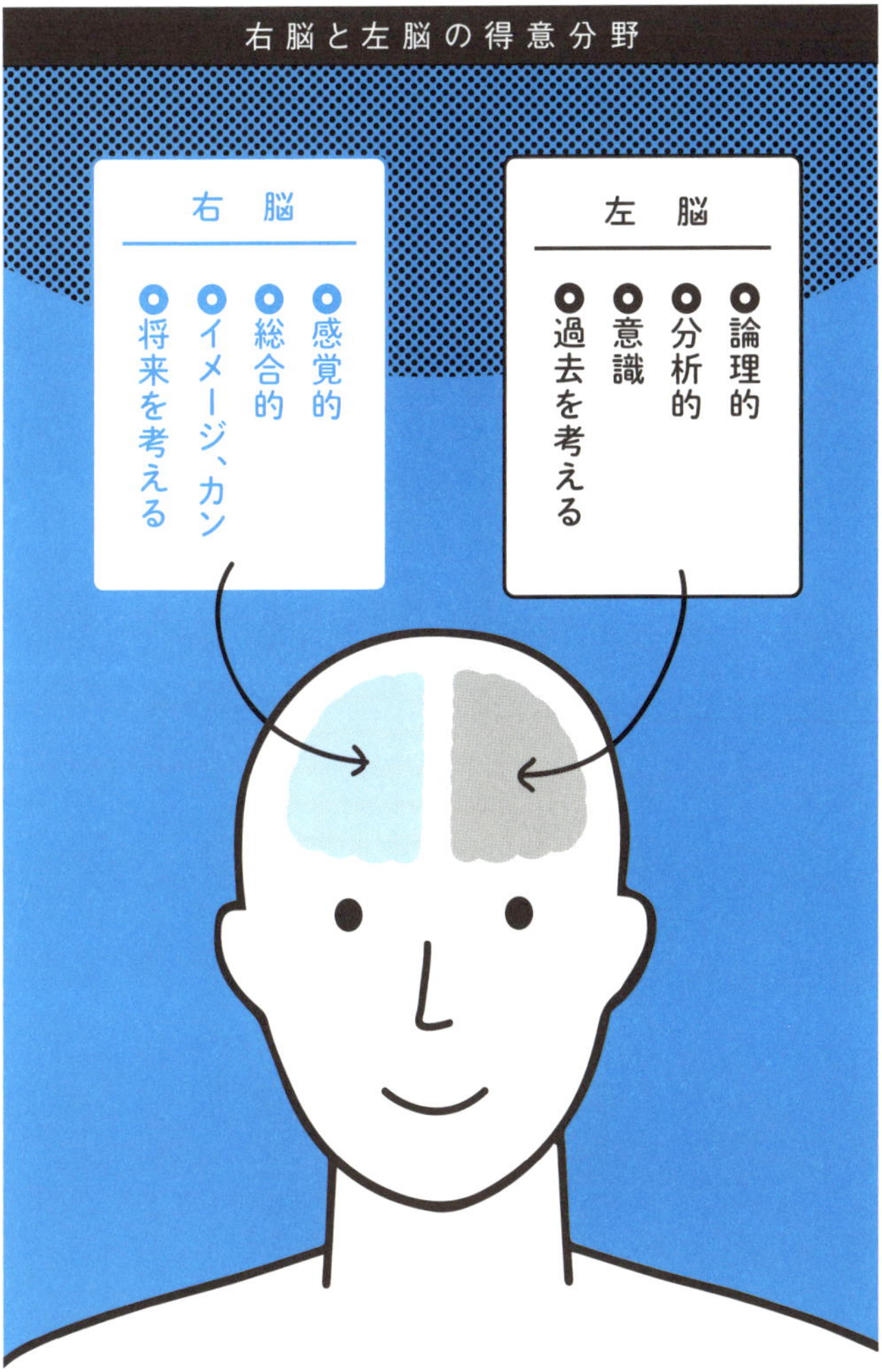
右脳と左脳の得意分野
右脳
感覚的
総合的
イメージ、カン
将来を考える
左脳
論理的
分析的
意識
過去を考える

も「右脳」の力を活用します。

だから、「脳だま勉強法」を取り入れることは、そのまま脳の活性化につながるのです。

脳がどんよりしていたら勉強がはかどらないのは、いうまでもありません。

活性化された脳であれば、**理解が深まり、記憶力が増し、それによってさらに脳の活性化が進む**という、すばらしいスパイラルが生まれます。

こうなったら、もう怖いものなし。

「勉強って、本当はこんなに楽しいものだったのか！」

こんなふうにワクワクして「やりたくてしょうがない」ものになるのです。

一流になる勉強法

THE WAY OF LEARNING TO THE TOP

第3章

脳を目覚めさせる

眠っている能力を大活用する方法

22 勉強ができない人ほど眠らせている能力が多い

さて、これまで私は、何度も「やろうと思えば、なんでもできる」と述べてきました。

「人と比べる必要もないし、まわりの勝手な〝判定〟など気にするな」と。

つまり、**「いまの能力」**など、**どうでもいい**ということです。

これを、あなたは根拠のない暴論と感じたでしょうか？

もちろん根拠はあります。

いまのあなたの能力は、あなたの能力のすべてではありません。むしろ、ほんの一部分でしかありません。

人は自分で自分の能力を眠らせてしまう生き物です。いまの能力が高い人は眠らせている能力が少ないだけなのです。

逆のいい方をすれば、**いまの能力が低い人ほど、眠らせている能力が多い**ということになります。

そのことは、サンリ能力開発研究所で行っている「PAC」という検査結果が証明しています。

私が「A判定」も「E判定」もたいした差ではないといい切るのは、この結果を知っているからです。

眠らせている能力が多い「E判定」の人が、それを引き出すことで、眠らせている能力があまりない「A判定」の人を逆転するのを、私は何度も見ています。

THE WAY OF LEARNING TO THE TOP

23

PAC検査を行うと潜在能力が数値でわかる

PACとは「Potential Ability Check」の略で、潜在能力チェックのことです。細かい項目などは後述しますが、まずは次ページのグラフを見てください。

これはサンリ能力開発研究所で高校1年生1200名の総合潜在能力と時期の関係を調べた結果です。

入学直後の4月から5月にかけては、みんな張り切っているからか、眠らせている能力は半分ほどにとどまっています。

しかし、夏休み時期とそのあと、さらには正月休み明けなどには、9割近くの能力を眠らせてしまっているのです。

9割といったら、能力のほとんどです。だから、これを使うことができたら、**いくら**

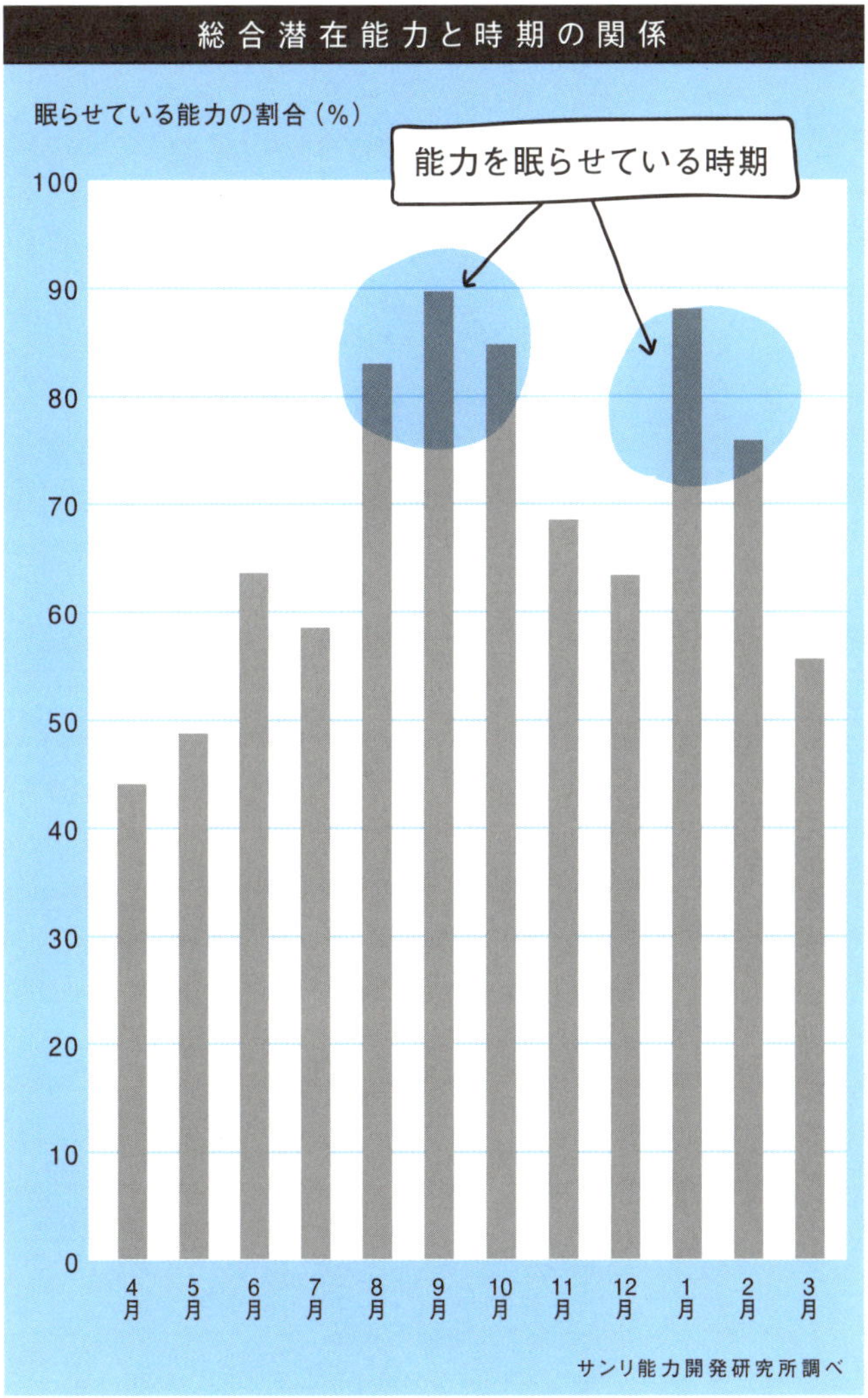
総合潜在能力と時期の関係
眠らせている能力の割合（%）
能力を眠らせている時期
100
90
80
70
60
50
40
30
20
10
0
4月
5月
6月
7月
8月
9月
10月
11月
12月
1月
2月
3月
サンリ能力開発研究所調べ

だって大逆転が可能になるのです。

もうひとつ、おもしろいグラフをお見せしましょう。次ページは、サンリ能力開発研究所が2つの高校の生徒たちに行ったPAC検査の結果比較です。

A高校、B高校ともに進学校なのですが、とくにA高校は有名国立大学への進学率が非常に高い〝秀才揃い〟の学校です。対して、B高校は〝そこそこ優秀〟な生徒が集まっていると思ってください。

一見してわかるように、B高校の生徒のほうが、A高校よりも眠らせている能力が多いのです。

両校の間には、いわゆる偏差値の差がありますが、それは持っている能力そのものではなく、「眠らせずに使っている能力」の差に過ぎないということです。

総合潜在能力の比較

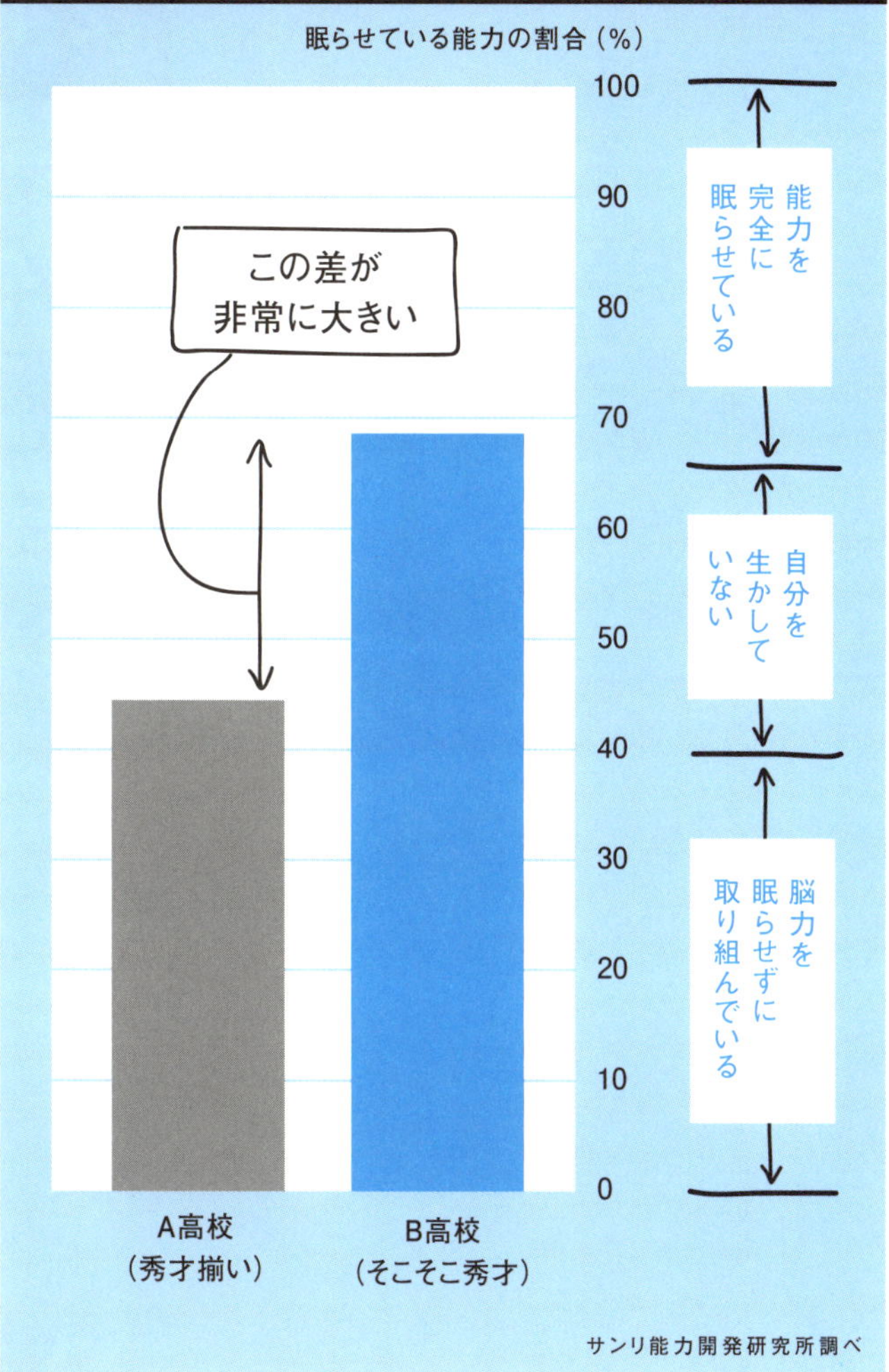
眠らせている能力の割合（%）
100
90
80
70
60
50
40
30
20
10
0
この差が
非常に大きい
能力を完全に眠らせている
自分を生かしていない
脳力を眠らせずに取り組んでいる
A高校
（秀才揃い）
B高校
（そこそこ秀才）
サンリ能力開発研究所調べ

THE WAY OF LEARNING TO THE TOP

24

潜在能力を目覚めさせれば大きな飛躍が期待できる

さらに、次ページの折れ線グラフを見てください。両校の3年生がどのように潜在能力を目覚めさせているかがわかります。

もともと意識の高い生徒がほとんどのA高校は、3年生の4月時点で、眠らせている能力は7割程度にとどまっています。

それをさらに目覚めさせて、受験直前の1月には6割まで落としています。

人間が持てる能力を〝全開〟にすることは不可能ですから、その4割を使い切っているということは、かなりすごいことです。

だから、有名国立大学にも大勢受かるというわけです。

目覚めさせた能力の変化

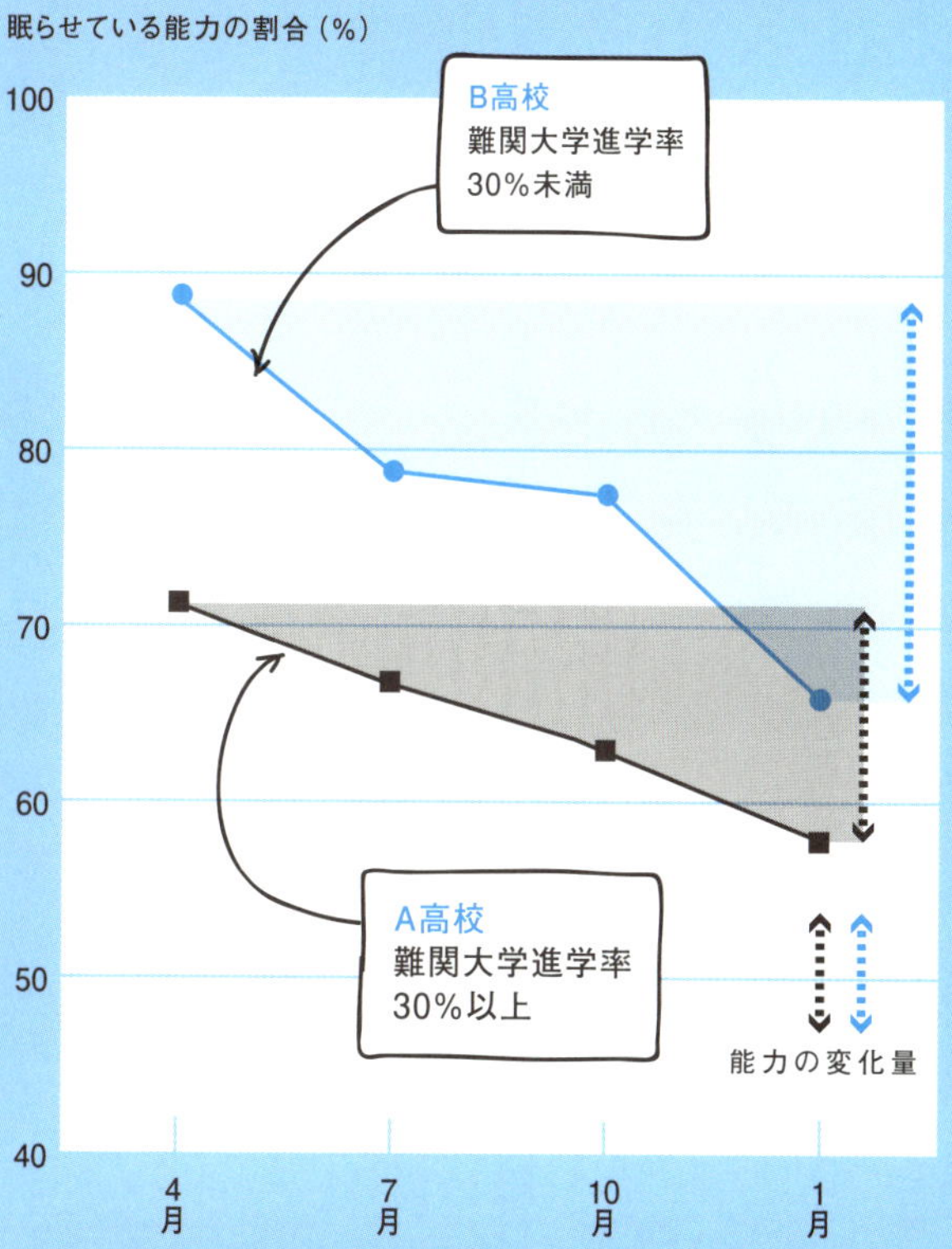

分析結果

B高校は、いままでより眠らせていた能力を20%以上も発揮して取り組むようになる。A高校は、B高校ほどの変化は見られないが、10%以上もの能力をさらに発揮するように変わる。

サンリ能力開発研究所調べ

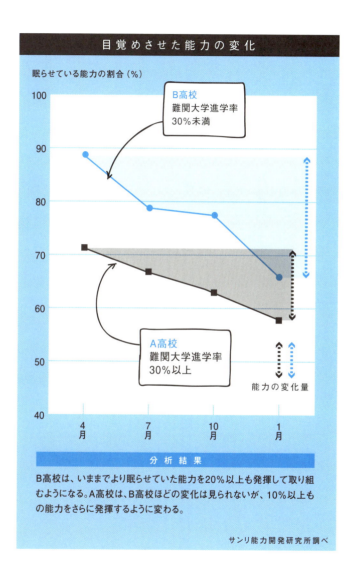

B高校の生徒たちは、高校生活に慣れきった3年生の4月時点で9割の能力を眠らせてしまっています。

しかし、PAC検査で自分の能力がほとんど眠っていることに気づくと、がぜん変わりはじめます。1月時点ではA高校に迫って、4月時点に比べて20%以上もの能力を使うようになっています。B高校がそれなりに高い進学率を誇っているのは、こうした〝追い上げ力〟があるからです。

もちろん、進学校の生徒でなくても、**眠っている能力がすごくたくさんあるのだと気づきさえすれば**、その能力を目覚めさせることができます。

高校生でなくても、社会人だって同じことです。

いままで「勉強がうまくはかどらなかった」「試験に失敗しがちだった」という人ほど、眠らせてしまっている能力が多いのです。そして、それを目覚めさせれば、大きく飛躍することができます。

THE WAY OF LEARNING TO THE TOP

25

実際にＰＡＣ検査を行って自分の潜在能力を知る

サンリ能力開発研究所の正式なＰＡＣ検査では、５つの分野に分かれた60項目の質問に答えてもらう形式を取ります。

本書では、その簡易版を行ってみましょう。

次ページにある5分野20問の質問に答えていきましょう。

各質問に対して、まずは「はい」「いいえ」「どちらでもない」のいずれかで答えてください。

そして、「はい」は5点、「いいえ」は0点、「どちらでもない」は3点として計算してください。

PAC検査

イメージ

- □いまの勉強は自分の将来にあまり役立たないと思います。
- □勉強しなさいといわれて勉強したふりをしたことがあります。
- □志望校や検定試験など、いまはまだ合格できると思えません。
- □宿題、試験、勉強と聞くとイヤなイメージがわきます。

感情

- □勉強時間の割になかなか良い結果が出ていません。
- □勉強がイヤで逃げ出したい気持ちになることがあります。
- □今日やらなくても明日頑張ればいいやと思うときがあります。
- □勉強していて難しくてイヤな気持ちになることがあります。

思考

- □勉強はあまり計画を立てずにやっています。
- □テストの結果や成績表は恥ずかしくて見せたくありません。
- □簡単な問題が自分だけできないとイライラします。
- □成績が上がらず、なかなかやる気になれません。

環境

- □周囲に勉強好きな友達は少ないほうです。
- □友達は勉強のことより遊ぶことばかりを考えています。
- □自分の両親、親戚で教育熱心な人は少ないです。
- □勉強のことよりほかのことのほうが興味があります。

好機

- □わからない問題があってもそのままにすることがあります。
- □苦手な科目、分野は勉強する気になりません。
- □ミスを恐れて神経質になることがあります。
- □私なら合格できると思うことはありません。

「はい」なら○、「いいえ」なら×、「どちらでもない」なら△
はい＝5点、いいえ＝0点、どちらでもない＝3点
合計点（100点満点）で潜在能力の総合得点にする。

こうして、100点満点で、あなたの潜在能力を割り出します。

たとえば、20項目の合計点が78点だとしたら、あなたは自分の能力の78%を眠らせている、つまり22%の能力しか使っていないということになります。

さらには、5つの分野別の点数を見て、とくにどの分野で自分の能力が眠っているのかを確かめてください。得点の高い分野こそ、あなたの能力を眠らせている大きな原因となります。

あなたは、どの分野で、とくに高得点を示しましたか?

ここで、各項目について説明しておきましょう。

①イメージ(IMAGE)

あなたは自分に能力があることに気づいていないのかもしれません。人はイメージに向かって行動するのですが、そのイメージを最初からマイナスにしてしまっているようです。

これをプラスに変えることが必須です。

②感情（EMOTION）

いまのあなたは、わき出るマイナス感情のために、本来の能力を発揮できずにいるようです。「イヤだ」といった単純な感情のために、せっかくの能力を宝の持ち腐れ状態にしています。

勉強は「楽しい」ことだと気づいてください。

③思考（THINKING）

あなたは、ついマイナス思考に偏りがちなようです。「そんなこと、できっこない」「おそらく無理だ」などという考えがいつも頭をよぎっているはず。

いま、これを読んでいる瞬間ですら、そう思っていませんか？

④環境（ENVIRONMENT）

あなたがつくり出している環境が、あなた自身をダメにしているようです。この悪い環境を変えなければ、いつまでも能力は眠ったままです。

環境とは、与えられたものではなく、自分でつくっているのです。

⑤好機（CHANCE）

あなたは、勉強ができる機会を生かそうとしていないのかもしれません。まずは原点に戻り、毎日少しずつでも勉強の機会をつくるようにしてください。

そして、セミナーなどにも積極的に参加しましょう。

THE WAY OF LEARNING TO THE TOP

26

勉強をする状況に身を置くことも大切

ＰＡＣ検査の５つの分野を簡単にいえば、こういうことです。

①できるというイメージ
②ワクワク感
③自分のとらえ方
④友人などの環境
⑤勉強ができる場

この中で、お金も努力もいらずに変えることができるのが、①〜③です。

将来イメージを明確に描くことができれば、ワクワクするし、マイナス思考もなくなります。しかし、これが案外難しいという人もいます。

だから、環境や好機を大事にすることも必要なのです。


環境は、気持ちがついてこなくても変えることができます。

好機も、気持ちは後ろ向きでも、なんとかつくり出すことができます。


次ページの表を見てください。

これは、私の教え子たちが④および⑤の分野について改善策として挙げてきた項目を並べたものです。


要するに、テレビをあまり見ないようにして、遊んでばかりの友人の誘いを断るようにして、図書館や講習といった勉強の場に身を置く機会を増やそうというのです。

いかにも子どもらしい内容ですが、同じことが大人にだって当てはまるはずです。

勉強のきっかけのつかみ方

勉強の能力を妨げる環境について今後取り組むこと

- テレビを見る時間を1日3時間にする。
- 週2回以上は近くの図書館に通う。
- 頭の良い友達と遊ぶようにする。
- 外出する日を週に3日以内にする。
- なるべく友達の誘いに乗らない。
- 塾（夏期・冬期講習）に通う。
- テレビは教育番組しか見ない。
- 勉強しなくてもよいから毎日必ず1時間机に向かう。
- 遊びに行っても次の遊びの予定を立てない。

THE WAY OF LEARNING TO THE TOP

27 潜在能力は思っているより環境に左右されやすい

前述したように、たとえ進学校であっても、入学したばかりのピカピカな時期を過ぎれば、生徒たちは自分の能力をどんどん眠らせていってしまいます。

とくに1、2年生のうちは、夏休み中に楽な毎日に慣れ、そのまま新学期を迎えます。

このため、8月よりも9月に、より多くの能力が眠ってしまっているのです。

しかし、本人は「新学期が始まったからエンジンがかかってきている」と思い込んでいます。

そこで、**PAC検査による意識の喚起**が功を奏するのです。

あなたは、これまでも勉強に取り組みたいと考えたことがあるでしょう。

しかし、準備もやる気も整えて、いざ始めてみたら、思うように進まなかったり、途中で挫折してしまったりすることが多かったはずです。

もし過去にそうしたことを繰り返してきたなら、それは**自分が思っているほどには潜在能力が目覚めていなかった**ためです。

勉強を始める前に、ＰＡＣ検査の結果をよく眺めてみてください。

そして、自分が眠らせてしまっている能力について、もう一度意識を働かせてみましょう。それだけで潜在能力は目覚めていきます。

THE WAY OF LEARNING TO THE TOP

28

能力のムダに気づいて潜在能力を開花させた実例

かつてのH君は、下から数えたほうが早いような生徒でした。

偏差値は40。大学進学を希望しているものの、偏差値で判断すると、どうしてもレベルが低めのところしかチャレンジできません。

勉強はしているのに学力が上がらず、本人も「どうせ自分はそんなもんだ」と思っていました。

ところが、PAC検査を受けてから豹変しました。

「僕が勉強ができなかったのは、頭が悪いからではなかったんだ。能力を眠らせていただけなんだ」

こう考えるようになり、非常に前向きになりました。

次ページの折れ線グラフはH君の偏差値の変遷を表したものです。半年でこうも変わるのです。こうして、H君は半年前には絶対に無理だと考えていた有名私立大学に現役合格を果たしました。

同じように、有名音大に合格したKさんの話です。

Kさんはピアノが好きで、早くから音大進学を考えていました。ところが、受験勉強としてのレッスンに身が入らず、自分はピアノには向いていないのではないかと考えるようになりました。

そうした後ろ向きな思いは、さらに能力を眠らせていくことになります。

Kさんはマイナススパイラルに入り込んで、どうにもならなくなっていました。

そんなKさんですが、PAC検査によって、自分で自分の能力を抑えてしまっていたことに気づき、それからは霧が晴れたように、レッスンに打ち込めるようになりました。

そして、Kさんも第1希望の有名音大に現役合格したのです。

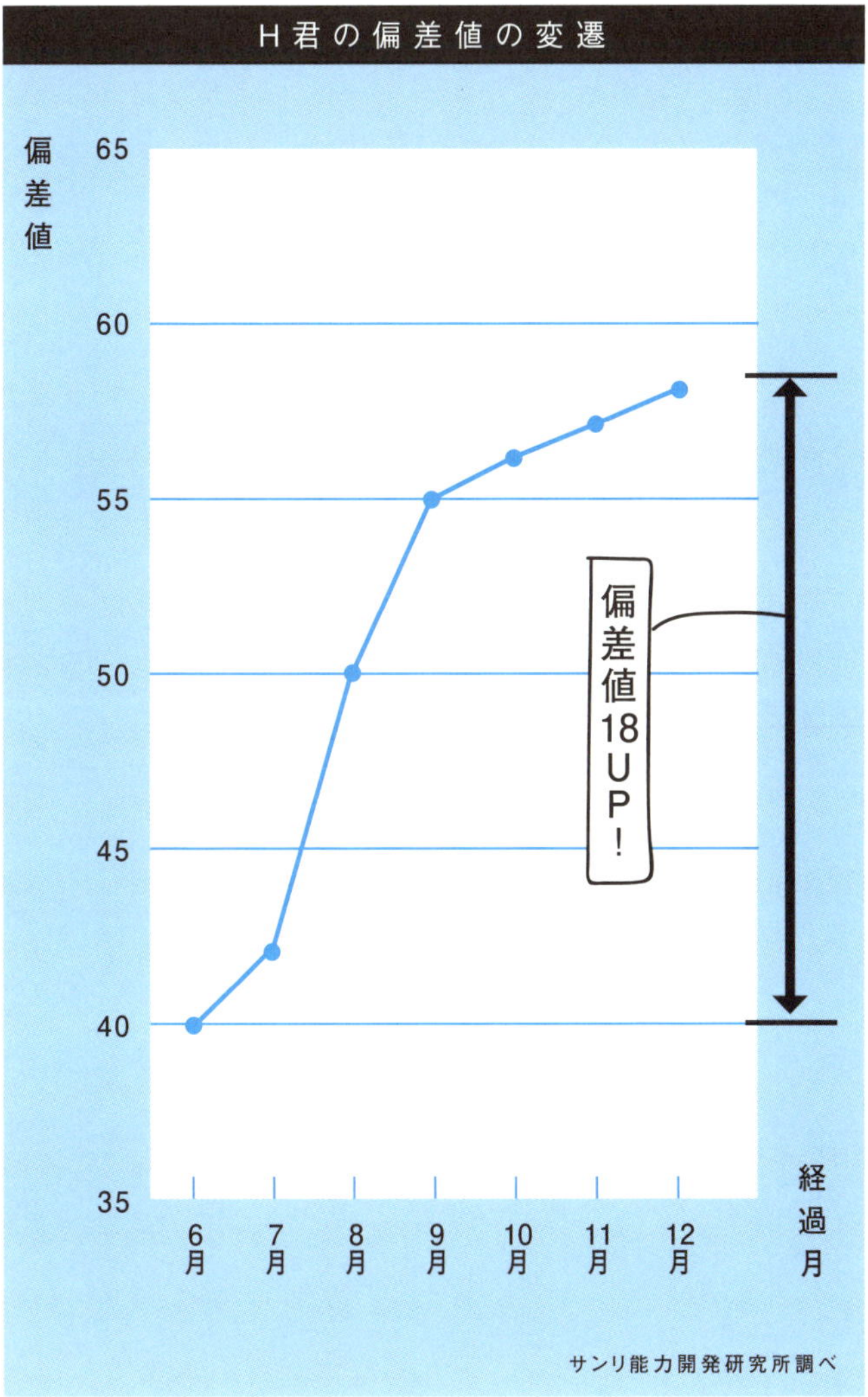
H君の偏差値の変遷
偏差値
65
60
55
50
45
40
35
偏差値18UP!
6月
7月
8月
9月
10月
11月
12月
経過月
サンリ能力開発研究所調べ

H君にしろKさんにしろ、なにか特別なことをやったわけではありません。**能力をムダにしていたことに「気づいた」だけ**です。

私たち人間は、自分の能力を１００％は使えません。誰でも、多かれ少なかれ、ムダにしています。でも、**そのムダが５割なのか、９割なのか**では、結果は大違いです。

自分は能力がないのではなく、能力のほとんどをムダにしていただけだと気づけば、将来イメージも自信を持って描けるようになります。

そうすれば、**脳はすっかりだまされて、そのイメージ通りの人生を実現してくれる**のです。

次章では、脳が本当にだまされていくしくみを見ていきましょう。

一流になる勉強法

THE WAY OF
LEARNING TO THE TOP

第4章

脳を心地よくする

不安だらけを自信満々に変える方法

THE WAY OF LEARNING TO THE TOP

29 自分の脳を信じて脳の環境を整えておく

逆説的なことを述べると、自分の脳をだます「脳だま勉強法」を成功させる一番の秘訣は、**自分の脳を信じること**です。

あなたの脳が、あなたの考えにしっかりだまされて、最高の働きをしてくれると信じることです。

あなたが「できない」と思えばできない方向に、「できる」と思えばできる方向に素直に進んでくれる脳は、本当に〝かわいいやつ〟です。

だから、脳を信じてあげると同時に、**心地よい状態**にしてあげましょう。

つまり、自分の脳と信頼関係を築き、脳にサービスしてあげるのです。

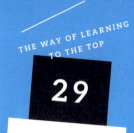

勉強をするにあたって、机を片づけたり、鉛筆を削ったり、はたまた目薬を差したりと、いろいろ自分なりにいい環境をつくろうとしますよね。

でも、**一番重要なのは、「脳の環境」を整えておくこと**なのです。

どんなにピカピカな道具を揃えても、高い参考書を買っても、あるいは徹夜して頑張っても、脳が「快」の状態でなければ、勉強ははかどらないし、いい結果を引き寄せることもできません。

では、脳を「快」にするためには、どうしたらいいのでしょうか？

それは、非常に簡単です。**「楽しいこと」を考える**だけ。

悪い想像、妬み、後悔……こんなことを思い浮かべていると、脳は一気に「不快モード」に入ってしまいます。

THE WAY OF LEARNING TO THE TOP

30

人間の脳は3つの層からできている

なぜ、楽しいことを考えるだけで脳は「快」になるのでしょう?

そもそも、あなたの脳は、どんなしくみになっているのか見てみましょう。

次ページにあるように、**人間の脳は3つの層からできています**。一番下にあるのが「脳幹」。そのまわりに「大脳辺縁系」、さらにその外側を「大脳新皮質」が取り囲んでいます。

脳幹は「反射脳」とも呼ばれ、自律神経やホルモンをコントロールして、環境の変化に適応すべく働きます。呼吸や体温調節など、生命維持に必要な、最も原始的な脳といえます。

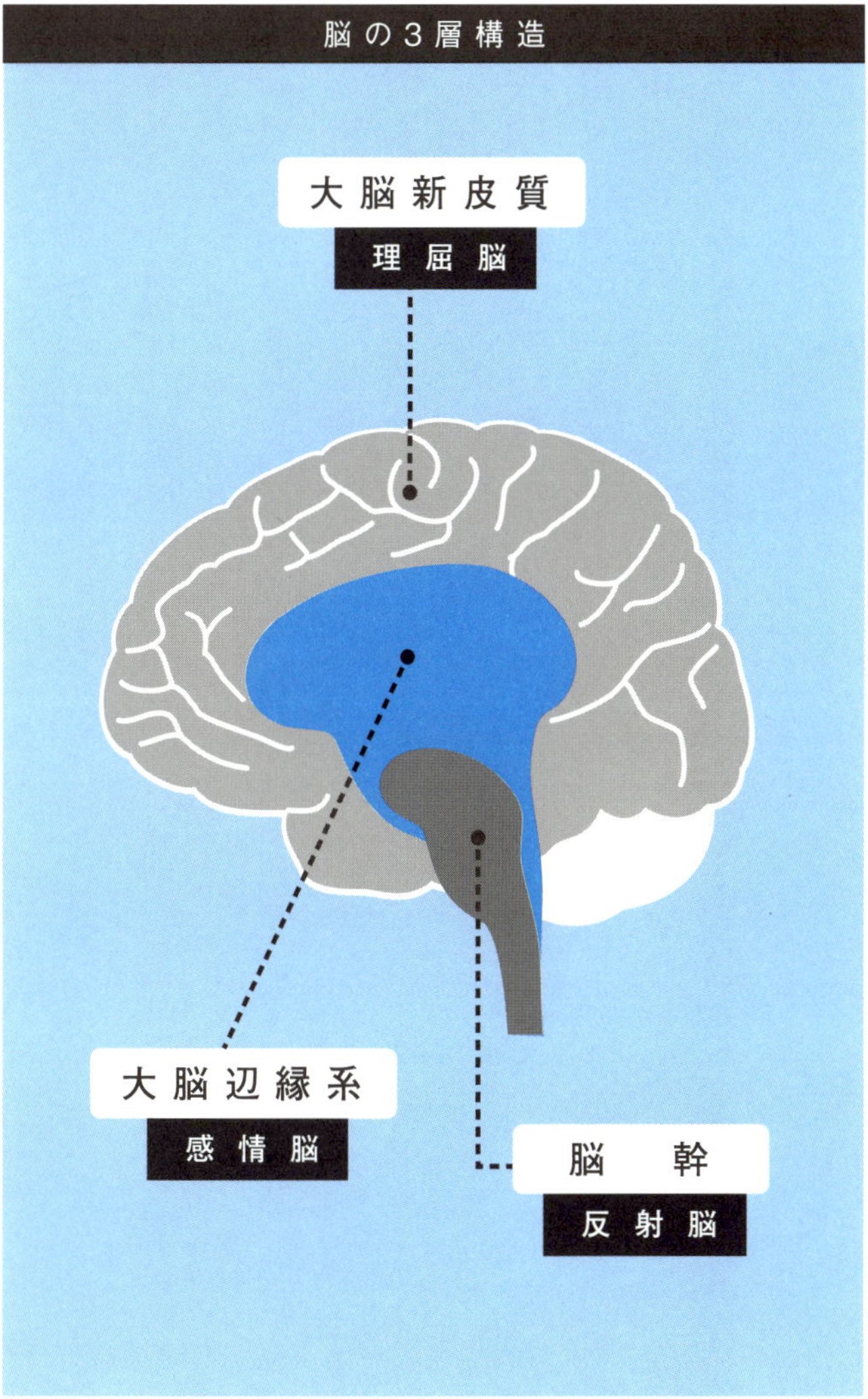
脳の3層構造
大脳新皮質
理屈脳
大脳辺縁系
感情脳
脳幹
反射脳

大脳辺縁系は「感情脳」といわれ、食欲や性欲といった本能、怒りや不安、好き嫌いなどの感情を司っています。交尾の相手を見つけたり、敵と戦ったりするなど、生存競争に欠かせない脳です。

大脳新皮質は、哺乳類に発達している「理屈脳」で、とくに人間はこの部分が巨大化しています。「右脳」「左脳」とは、この大脳新皮質のそれぞれ右側と左側の部分のことです。大脳新皮質が発達したことで、人間は飛躍的に多くのことを覚え、考えることができるようになりました。

となると、勉強には大脳新皮質だけが大事で、ここに多くのデータを詰め込んだ者が勝つのかといったら、そうではありません。

脳の3つの層はそれぞれ関与し合っていて、人間ならではの巨大な**大脳新皮質だけが快調に働くなどというわけにはいかない**のです。

THE WAY OF LEARNING TO THE TOP

31 大脳の神経細胞には流動型と結晶型の2つがある

私たちの大脳には神経細胞がびっしり張りめぐらされています。大脳に蓄積された膨大なデータは神経細胞を行き来し、私たちはいろいろなことを考えたり、判断したりしています。

この大脳神経細胞は**「流動型脳細胞」**と**「結晶型脳細胞」**の大きく2つの種類に分けられます。

流動型脳細胞は、「○○であるから△△となって……」というように、論理的に物事を考えていくときに強く働きます。

この神経細胞が不調であれば、数学の証明問題を解くなどといった、論理的な考えによって答えを導くということができなくなります。

では、結晶型脳細胞とはどういうものでしょうか？

こちらは瞬時に記憶データを集めて状況判断を行う神経細胞です。

脳は五感を通して得た情報を、これまでの経験から蓄積されているデータと照らし合わせ、どういう行動を取ればいいかを瞬時に判断します。

たとえば、煮立ったヤカンに触れて「熱い」と感じたら、私たちは瞬時にヤカンから手を離します。

それは、熱いという触感が伝わった結晶型脳細胞が、瞬時に過去の蓄積データと照合し、取るべき行動を判断してくれるからできることです。

もし流動型脳細胞に任せて論理的に考えていたら「ヤカンに触れて熱いのだから、次はどうすればいいんだっけ？」などとなって、大やけどをしてしまいます。

スポーツをするときも同様です。

プロ野球選手が時速１５０キロの球を打てるのは、〝見た〟瞬間に結晶型脳細胞が強く働くからです。

優れたアスリートは、練習によって膨大なデータを蓄積しておくとともに、実際の場面では結晶型脳細胞がきわめて鋭く活動しているというわけです。

THE WAY OF LEARNING TO THE TOP

32

ＩＲＡは無意識に強い行動を引き起こす

大脳新皮質が発達した人間は、脳の神経細胞も、ほかの生き物よりもはるかにたくさん張りめぐらされています。

しかし、そうした神経細胞によって情報を伝えたからといって、行動そのものを決定するのは大脳新皮質ではありません。

行動は、ＩＲＡ（Instinct Reflex Area）によって起こされます。

ＩＲＡとは本能反射領域のことで、大脳辺縁系と脳幹を合わせた部分です。いってみれば、**動物的な古い脳**ということになります。

つまり、いくら人間ならではの大脳新皮質であれこれ考えても、動物的な本能反射領域がきちんと働いてくれなくてはダメなのです。

たとえば、私たちは本来、夜は副交感神経が優位になるようにできています。だからこそ、寝る時間帯には体温も血圧も下がり、リラックスできて、ゆったりと眠りにつけるのです。

ところが、ＩＲＡがうまく作動しなければ、「疲れた」「眠りたい」と五感で感じていたとしても、交感神経が優位のまま神経が冴えわたってしまい、不眠に陥ったりします。

こうした「自律神経失調症」は、最も古い脳である脳幹の反射が悪くなっているために起こります。

こうなると、いくら頭（大脳新皮質）で「眠ろう」と思っても、眠れなくなってしまいます。

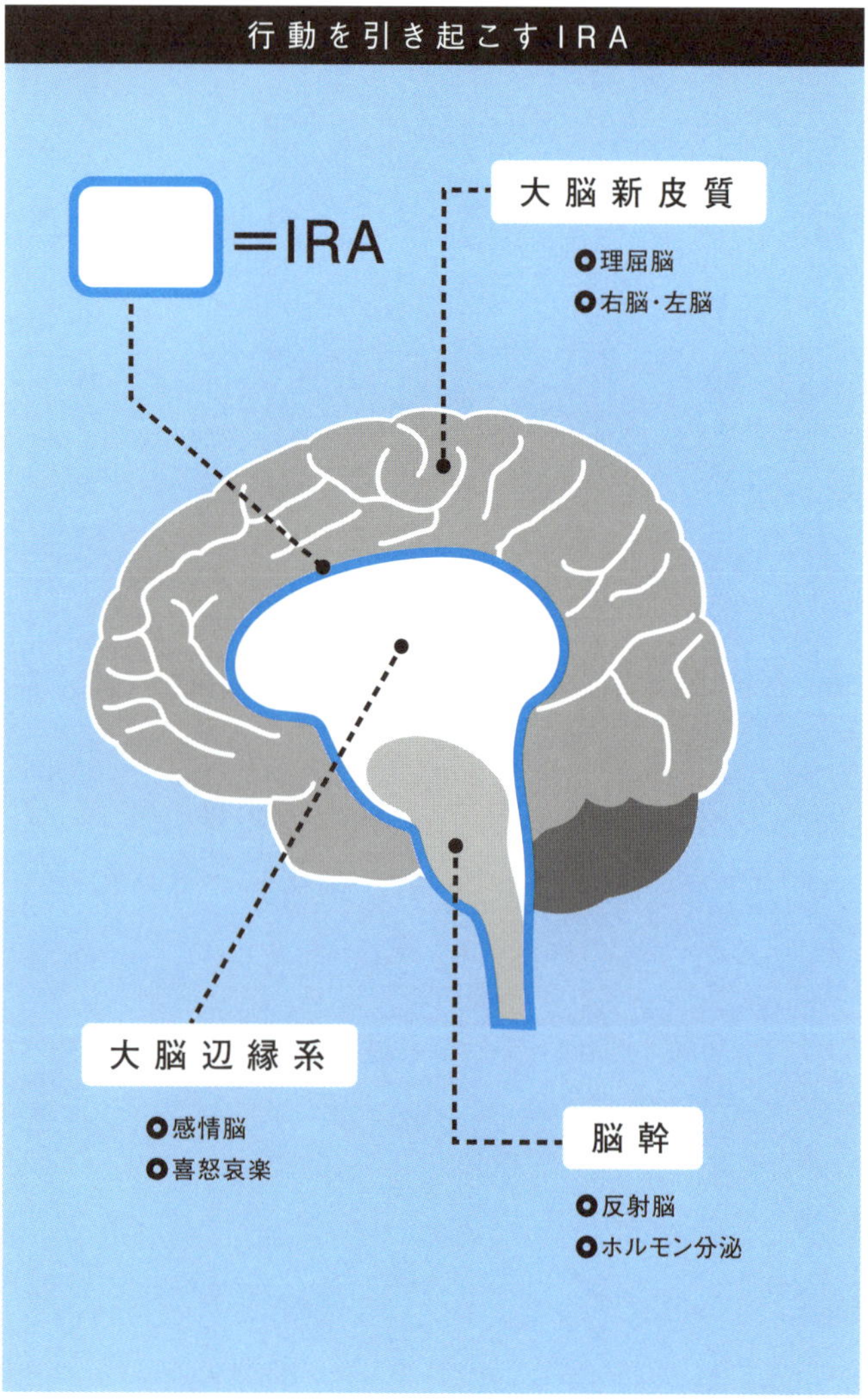
行動を引き起こすIRA
=IRA
大脳新皮質
理屈脳
右脳・左脳
大脳辺縁系
感情脳
喜怒哀楽
脳幹
反射脳
ホルモン分泌

好き嫌いの感情だって同様です。

「Gさんよりも Fさんを好きになったほうがいい」

理屈でいくらこう思っても、Gさんを好きな気持ちは変えられません。

おそらく、Gさんから頼まれた仕事は一所懸命できても、Fさんからの仕事だと力は入らないでしょう。

このように、私たちの行動を大きく支配しているのはIRAです。**理屈っぽい大脳新皮質ではなく、無意識に反応し、強い行動力を引き起こすIRAによって、私たちの人生は決まるのです。**

THE WAY OF LEARNING TO THE TOP

33

良い記憶を入れておくとＩＲＡが良い行動を起こす

だから、なにをするにつけても、このＩＲＡにいかにいい記憶を植えつけておけるかが重要なのです。

「勉強＝イヤ」

「自分＝ダメ」

ＩＲＡがこうした記憶をもとに行動指令を出せば、勉強も仕事も人生も、うまくいくはずがありません。

逆に、**いい記憶を入れておけば、自動的にいい行動を引き起こしてくれます**。そして、その記憶は、本当であろうとなかろうと関係ありません。たんなる**「思い込み」**でいいのです。

「私はできる」

「試験に受かる」

「勉強は楽しい」


こういう記憶を勝手に入れてしまえばOK。だから「脳だま」なのです。

もうおわかりのことと思いますが、「脳だま勉強法」でだますのは、IRAです。理屈っぽい大脳新皮質ではありません。


それゆえに、「脳だま勉強法」は誰にでも可能なのです。

「僕は理屈っぽい性質だから、できっこない」

こんな心配は当てはまりません。

あなたが理屈屋を自認しているとしても、好きな異性のタイプはありますよね？　理屈で好きになったりできませんよね？

それこそが、あなたがIRAに支配されている証拠です。**理屈が通らないIRAなら、誰だってだますことができる**のです。

THE WAY OF LEARNING TO THE TOP

34

成功する人はイメージの枠で判断する

あなたが「自分はなんでもできる」という情報をＩＲＡに送ってあげるためには、そういうイメージをふだんから持たなければなりません。

成功している人とそうでない人は、持って生まれた能力が違うのではなく、このイメージに差があるだけです。

ここでちょっと、自分の将来の可能性に思いを馳せてみてください。

あなたは、どんなことが「自分にはできる」と考えているでしょうか？

こうした「可能性の枠」は、大きく分けて２つあります。

それは**「経験の枠」と「イメージの枠」**です。

「経験の枠」は、これまでやってできたことから割り出す枠です。「自信の枠」ともいいます。

「今日は10メートル泳げた。だから、明日は12メートル泳げるかもしれない。明日は無理でも、この夏の間には泳げそうだ」

こうして少しずつ可能性の枠を広げていくことができるのですが、かなり拡張度合いは小さくなります。

一方、「イメージの枠」は、**やる前から「できる」と考えている枠**のことです。こちらはイメージですから、どこまでだって大きくできます。

成功する人はこちらの枠を中心に行動しますが、そうでない人は「経験の枠」でしか動けないのです。

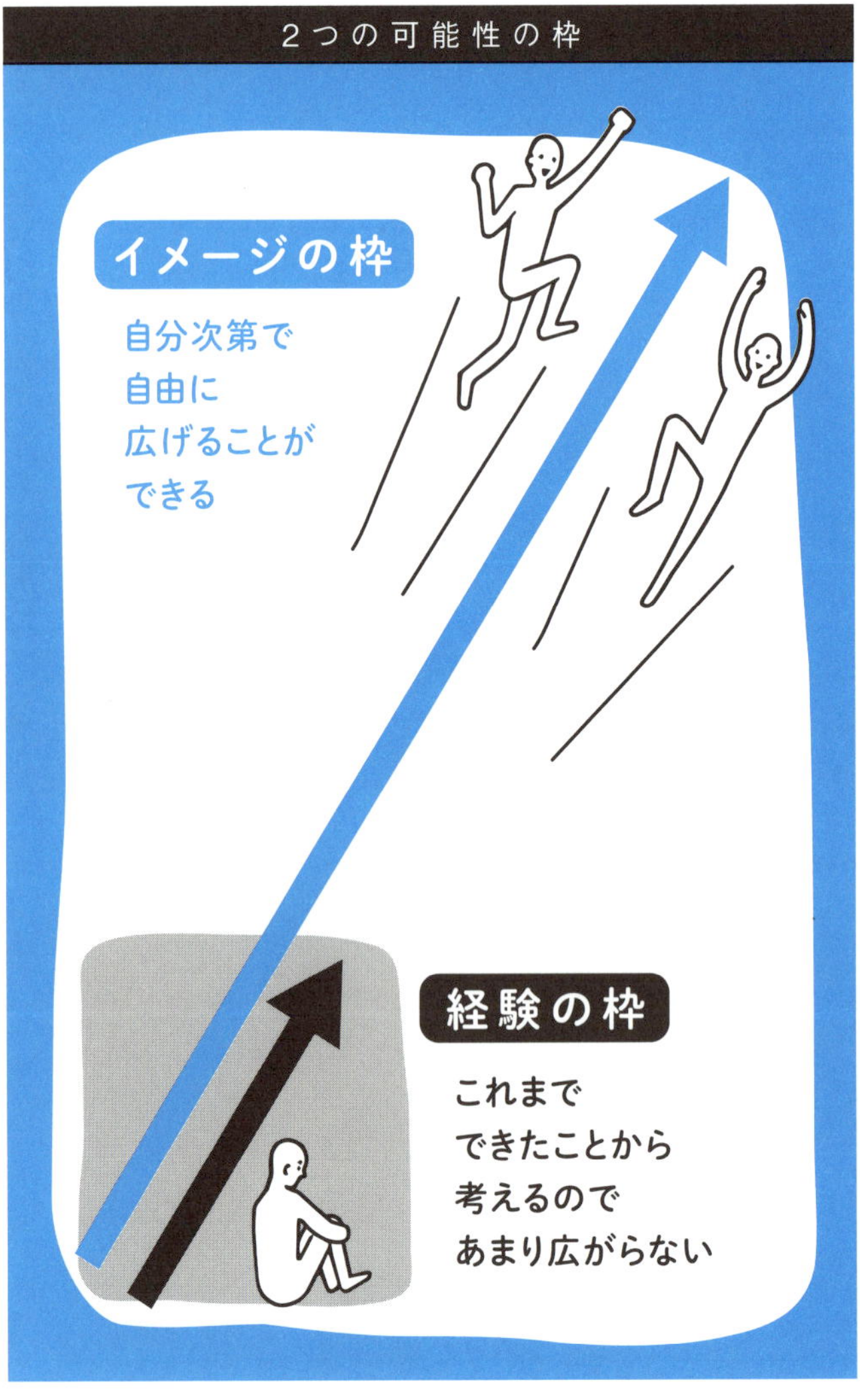
2つの可能性の枠
イメージの枠
自分次第で
自由に
広げることが
できる
経験の枠
これまで
できたことから
考えるので
あまり広がらない

第1章で述べてきたことを思い出してください。

「経験の枠」で判断するということは、「いま」を基準にして考えるということになります。

「いま」という状態から積み重ねて遠いゴールに行こうとするから、「とてもできない」となるのです。

「イメージの枠」で動く人は、「すでにできてしまった自分」から逆算するから、苦もなく本当にできてしまうのです。

THE WAY OF LEARNING TO THE TOP

35

「できる」「できない」はどちらも脳の錯覚に過ぎない

「でも、やってもいないことをできると思うなんて……。私にはそんな図々しさはありません」

イメージの枠を重要視せよというと、こんな不安を口にする人がいます。

たしかに、やる前から「できる」と思い込むのは錯覚です。しかし、その錯覚が現実を生むのですから、錯覚でいいのです。

そもそも、「できる」も「できない」も、どちらも錯覚なのです。

あなたの目の前に難しい問題が示されたとしましょう。

「あっ、これ、できるかも」

「あっ、できそうにないな」

結果が出ていないうちから考えているのだから、どちらもまったく同じように錯覚なのです。

でも、多くの人が、「あっ、これ、できるかも」は錯覚で、「あっ、できそうにないな」は確信だと思っています。

当然のことながら、**「確信」としてIRAに伝えられたことは大きな意味を持ちます**から、脳は「できない行動」を促進し、結果的に「できない」のです。

そして、「ほら、やっぱりできないじゃん」という記憶がIRAに刷り込まれ、どんどん「できない」方向に進みます。

この**悪い連鎖を一刻も早く断ち切らなければならない**のだということを理解してもらえたでしょうか？

そして、**脳をもっと「快」にして好循環を起こさなければならない**と。

THE WAY OF LEARNING TO THE TOP

36

良い出力を続ければやがて好循環が生まれる

脳を「快」にするために必要なのは、成功した自分の将来イメージなど、「楽しいこと」を考えることです。

つまり、**IRAに積極的にいい「入力」をしてあげる**ことです。

でも、環境が悪くて、いい入力がしにくいという人もいるでしょう。

「自分は頑張るつもりはあるのに、上司がイヤなやつだから」

「そもそも景気が悪すぎて……」

自分の脳が「快」にならないのは、いい入力をできない状態にいるからだと考えているのですね。

その気持ちはわからなくもありませんが、そういうときこそ、「出力」を変えましょう。

脳を「快」にする方法は、「入力」だけでなく「出力」によっても可能です。いや、むしろ**「出力」こそ重要**なのです。

「上司がイヤなやつだけど、**僕は大丈夫。できる**」

「不景気だけど、**私はやる**」

これでOK。


出力されたものが再入力されていきますから、出力を〝無理にでも〟いいものにすれば、やがて好循環が生まれます。


せっかく「僕はできる」と入力したのに、「でもな」と出力してしまったとたんに、脳は「不快モード」になります。

そして、できない道を探りはじめるのです。

最初に「難しい問題だな」とマイナス入力してしまっても、「いや、楽勝だ」と出力すれば、脳は「快」になって楽勝の道を探ってくれます。

脳を「快」にして勉強に没頭し、いい結果を出すには、いい「入力」と、いい「出力」の両方が必要です。

そうした中でも、「再入力」に大きな影響を与える「出力」には、ぜひこだわってください。

THE WAY OF LEARNING TO THE TOP

37 考える前に行動すると脳はだまされる

「グラウンドを3周してこい！」

「宿題を早くやってしまいなさい！」

スポーツのコーチや親からこんなことをいわれたとき、なかなか素直に従う気持ちになれません。面倒くさいですよね。

本当は、いわれたこと自体は、本人にとっていい「入力」なのです。

アスリートにとって走り込むことは大事だし、宿題は早く片づけたほうがいいのは明らかですから。

でも、それを聞いて**「イヤだな」「かったるい」と思った瞬間に、悪い「出力」をし**

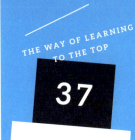

てしまったことになります。

だから、そうした思いが頭によぎる前に、条件反射で前向きな返事をしてしまうことです。

人間はなまじ頭がいいために、ある情報が入力されると、いろいろ余計なことを考えはじめます。

最初の0・1秒で感情脳にデータが入り、0・5秒もすれば記憶を再生し、思考ができ上がることがわかっています。

だから、**考えはじめるその前に「はい」という。**0・2秒で「はい」といってしまいましょう。

「はい」とプラスの返事をした瞬間に脳は「快」になり、「やるぞ！　僕は走るんだ」「OK！　私は宿題を片づける」と、いい「出力」がなされます。

そのプラスの「出力」が「再入力」されることで、「できる」という好循環が脳をめぐります。

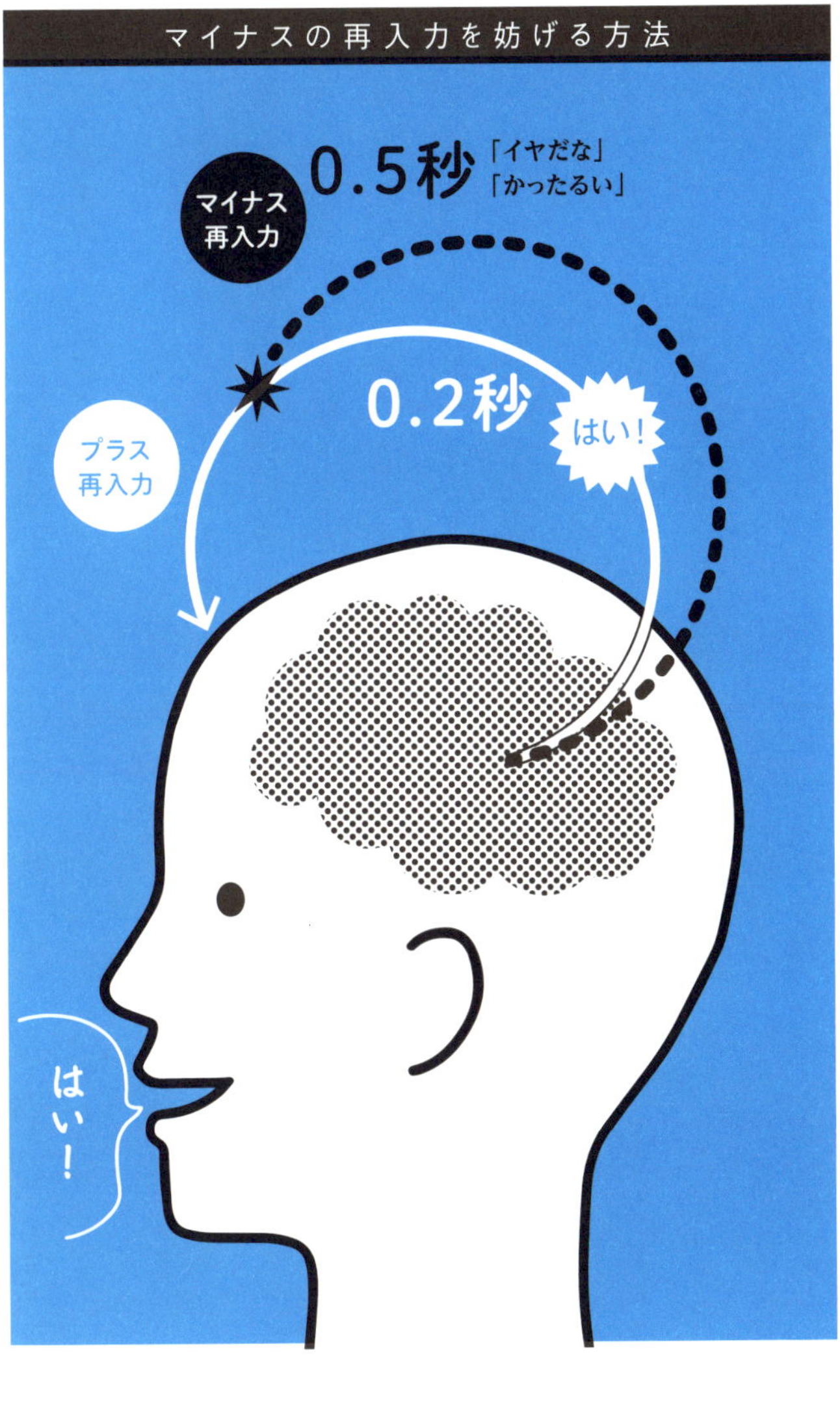
マイナスの再入力を妨げる方法
マイナス再入力
0.5秒
「イヤだな」
「かったるい」
プラス再入力
0.2秒
はい！
はい！

成功するのはリアクションが早い人間。

あなたのまわりを見回しても、リアクションが早い成功者がいるはずです。

30年近く前の開発されたばかりの携帯電話は、とても大きくて重いものでした。それでも持ち歩けるだけ便利ではありましたが、みんな思ったはずです。

「これ、もっと小さくて軽くならないかな。それができたら売れるに違いない」

ほとんどの人はこう思ったけれど、やらなかった。「でも、自分にはできないし……」と考えてしまったからです。

そんなことを考えずに動いた人間が大成功したわけです。

グズグズ考えている人間が成功しないのは、時間をムダにしているからというよりも、みずから〝できない循環〟をつくり出しているからなのです。

THE WAY OF LEARNING TO THE TOP

38

脳をノリノリにすれば苦手意識が消えていく

サンリ能力開発研究所では、とくに小学生たちにこう指導しています。

「学校で先生が問題を出したら、0・2秒で手を挙げろ」

解けるか解けないかなど考える前に、とにかく手を挙げさせるのです。

当然、指されて黒板のところに行っても、なにも書けないこともあります。でも、それでいいのです。

脳が「快」になっている状態で黒板に向かえば、それだけで勉強に対する苦手意識がなくなります。

それを、「間違っていたら恥をかきそうだし」「いや、きっと間違っている」などと考えているうちに、脳はすっかり「不快」になってしまいます。だから、本当は解ける問題も解けなくなって、すっかり勉強嫌いになってしまうのです。

社会人のためのセミナーや英会話教室などでも、忙しい中、高い受講料を払って参加しているのに、どこか居心地が悪そうな人がいます。ほかの参加者と自分を比べ、緊張して積極的になれないようです。

でも、こんなときも、大いに手を挙げて発言や質問をしましょう。

「こんなことといったら、場慣れした人たちに笑われないか？」

こう考える前に手を挙げる。**自分の脳を「ノリノリ」にしてしまう**のです。それによって、脳はすっかりだまされてしまいます。

「こういう場に来るのは楽しいことだ」

「ここで勉強するのは最高の気分だ」

こうなったら、勉強の成果も目に見えて出てきますよ。

THE WAY OF LEARNING TO THE TOP

39

マイナス感情になったら体に信号を送る

もちろん私だってマイナス感情に引っ張られることはあります。

スタッフと意見がすれ違ったり、取引先とゴタゴタしたり、あるいは私自身の体調がすぐれなかったり……。仕事をしていれば、小さな「マイナス感情の芽」はそこかしこに転がっています。

でも、そんなことでイライラしたり、集中力を失ったりしてはいけないというのは、私自身がよくわかっています。

だからといって、頭の中だけでマイナス感情を消し去ろうとしても、なかなか大変。

「考えないようにしよう」としていること自体が「考えている」ことにほかならないか

らです。そこで私は、**頭ではなく、体に信号を送る**ことで、ふだんから意識を切り替えています。

その方法は「指ぱっちん」。独自に気持ちを切り替える動作をつくることです。マイナス感情や後ろ向きな思考がよぎりそうになったら、即座に指をぱっちん。その瞬間にスイッチが入れ替わって、マイナス感情は消えてしまいます。

もちろん、スイッチを切り替える方法は「指ぱっちん」に限りません。手のひらをげんこつで叩くのだって、一瞬目を閉じるのだって、わざとくしゃみをしてみるのだってOK。

「よっしゃあ！」のひと言だっていいでしょう。

それをやったら**「スイッチが切り替わった」**と自分で思える方法なら、なんだっていいのです。

習慣のように体が反応する方法を、なにか見つけてください。

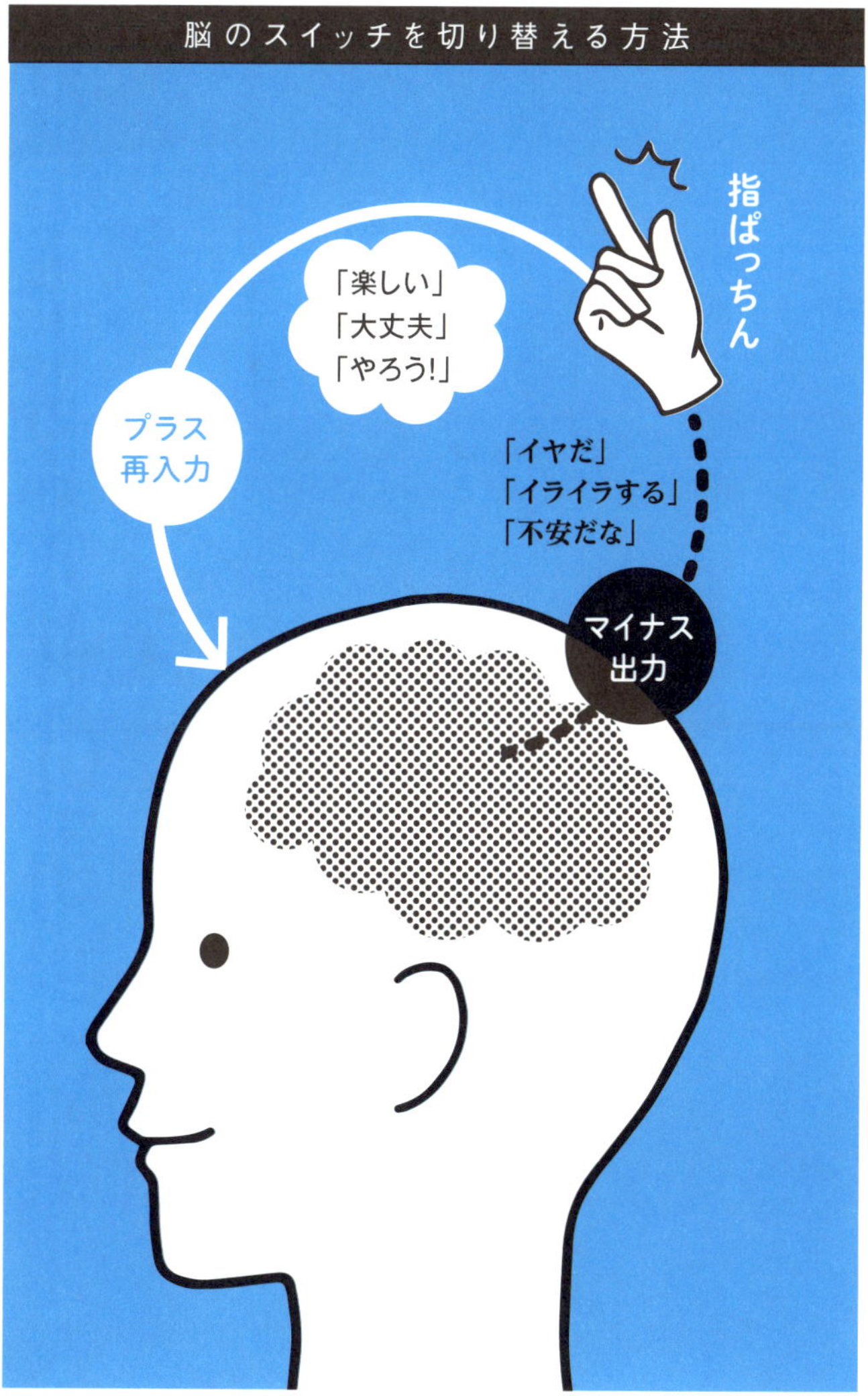
脳のスイッチを切り替える方法
指ぱっちん
「楽しい」
「大丈夫」
「やろう!」
プラス
再入力
「イヤだ」
「イライラする」
「不安だな」
マイナス
出力

THE WAY OF LEARNING TO THE TOP

40

脳は空想していることも現実に近づけてくれる

私はふだんから、「イメージの枠」を広げる**「夢のような空想」**をしては、1人でニヤニヤしています。まわりから見たら気味が悪いかもしれませんね。

もちろん空想すればするほど、脳はそれをまともに受けるから、**空想に終わらず、現実に近づく**ということもわかっています。だから、なおさら楽しいのです。

講演では、私は「アホになれ」といっています。

ここでいう「アホ」とは、圧倒的多数の人間が「ダメだ、無理だ、できない」という常識を覆して、やり遂げてしまう人のことです。ワクワクと物事に取り組み、やがて成し遂げてしまう天才たちのことです。

みんながアホになって壮大な夢を語り合うと、そこには笑いが起こります。

このひと時は、私の脳を**「快」の極み**に持っていってくれます。

「笑い」は脳の特効薬。たとえ、さほどおかしくなくても、ゲラゲラ笑ってみると、それだけで脳は「快」になります。


あなたも大いにまねしてください。恥ずかしがってはいけませんよ。

そもそも、**偉大な発明は、どれも最初は「アホなこと」**だったのです。

「あいつ、変なことやっているよ」

まわりから理解されないことを、できると信じてやり遂げた人が、天才的な仕事を成し遂げるのです。

アホになることは、あなたの可能性を広げるうえで、ものすごく大きな意味を持っています。

このことを理解できる勉強仲間がまわりにいたら、ぜひともお互いの夢をアホ丸出しで語り合ってください。

一流になる勉強法

THE WAY OF
LEARNING TO THE TOP

第5章

脳に力をつける

集中力・記憶力・持続力が上がる方法

THE WAY OF LEARNING TO THE TOP

41

アプローチシートでイメージを言語化する

これまで何度も述べてきたように、「できる」イメージを持って勉強すれば、東大にだって司法試験にだって受かるし、英語だってペラペラになります。

「できない」と思ってしまったら、英単語ひとつ覚えるのだって大変なのです。

このように「脳だま勉強法」に欠かせない「イメージトレーニング」ですが、サンリ能力開発研究所では、**「イメージ」という曖昧なものをきちんと言語化**していきます。

具体的には、「PACアプローチシート」に、みずからイメージする将来像を書き込むことで、眠らせていた潜在能力を目覚めさせるのです。

第3章で述べたように、**眠らせている能力が多い人ほど（つまり、いま、あまり勉強ができていない人ほど）、大きな可能性を秘めている**ことになります。

あなたも自分なりの「アプローチシート」を作成し、これまで気づきもしなかったすごい能力を引き出してあげましょう。

「アプローチシート」のつくり方は自由でいいのですが、できれば1枚の大きな紙に、高い山の斜面の絵を描き入れたり、山の写真を貼ったりしてください。

大きな夢や目標を登山に例えて、自分のイメージを書き込んでいくためです。

そして、山の裾野に①、頂上から少し下のところに⑤と番号を振ります。途中の斜面に②③④の番号も書き入れます。

そして、それぞれの番号の地点にいるつもりで、次の質問に答えてください。

イメージをふくらませて、どんどんシートに書き込んでいきましょう。

アプローチシートの例

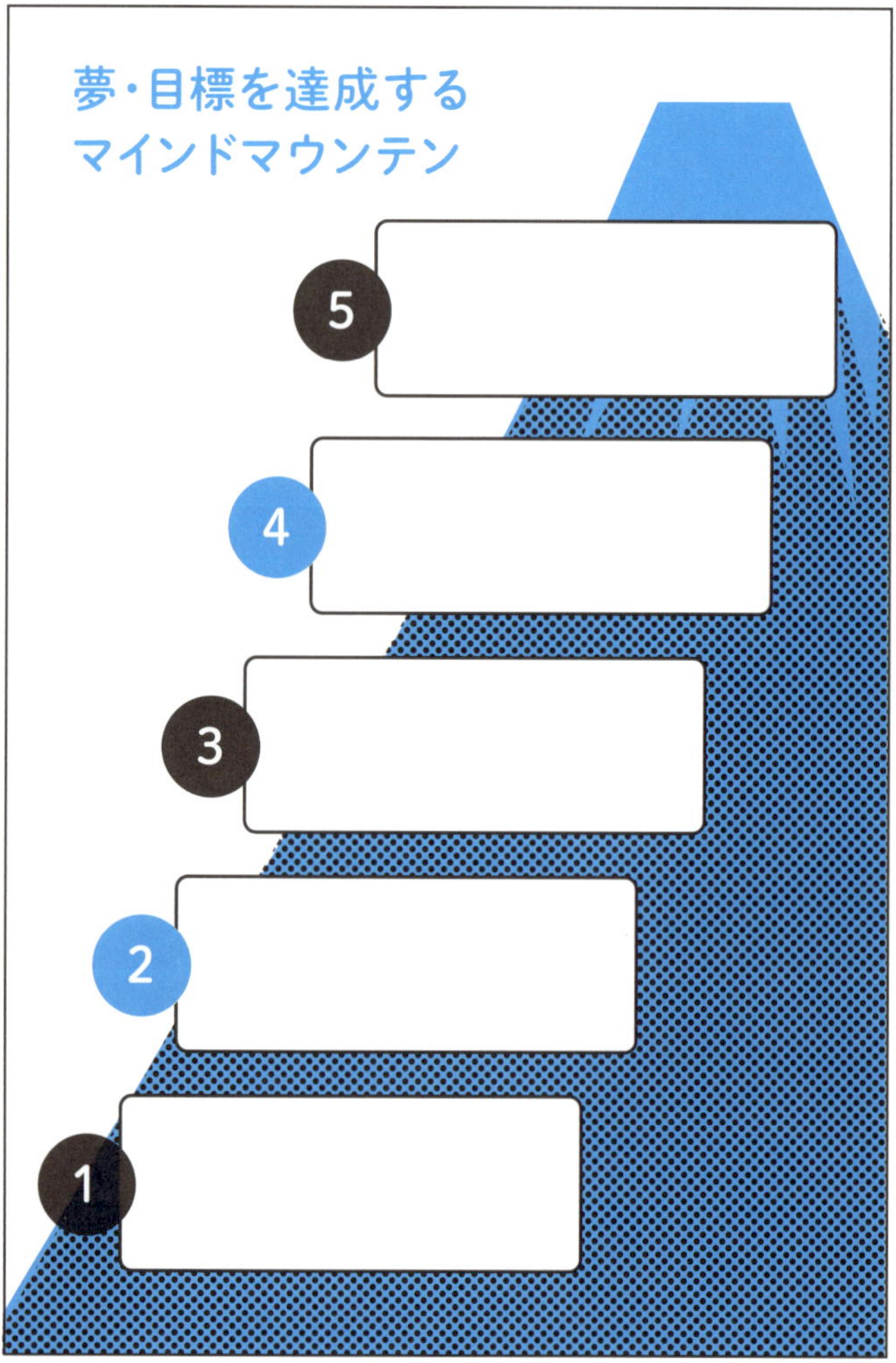

①スタート地点に立って、この山を制覇したところ、あなたが自分の目標を達成した状態をイメージしてください。自分や家族、まわりの人の様子や、そのときの自分の気持ちを書き込んでください。

②あなたは山を登りはじめました。そこで考えてみましょう。あなたがこの山に登る理由はなんでしょう? 目標を達成したいと思うのはなぜでしょう? その先にある目的を明確にイメージしてください。

③あなたは誰とこの山に登っているのでしょうか? あなたの目標達成を応援してくれている人は誰ですか? その人はどんな言葉をかけてくれているでしょうか? 具体的にイメージしてください。

④登山の途中で苦しくなったとき、あなたはどんな表情をしていますか? その苦しさを克服するために意識的に取る動作はどんなものでしょう?

⑤頂上まであと少しのところに来ました。しかし、絶壁がそびえ立ち、一番苦しい場面です。あなたはここで、誰と、どんな声をかけ合いますか？

さて、あなたは①から⑤までに、どんなことを書き込んだでしょうか？

より具体的に明確に、そしてポジティブなイメージが描けるように、何度でも書き直してみてください。

最初は遠慮っぽく書いていたことが、何度もイメージしているうちに、どんどん大きくふくらんでいくはずです。

THE WAY OF LEARNING TO THE TOP

42

思い浮かべるより書くほうが効果が高い

この「アプローチシート」は、いってみれば単純なものです。なにもわざわざ山の絵までつけて書き出さなくても、頭の中で理解していればいいのではないかと思うかもしれません。

しかし、たんに**思い浮かべるのと書き込むのでは、効果は全然違う**のです。

まず、書くことによって、**細部がより具体的になります。**

ボーッと考えているだけでは細部が組み立てられないので、結局、夢は夢のまま終わってしまいます。

「東大に入りたい」「医者になりたい」などという漠然とした目標に、「なんで?」と自分で問いかけながら細部を組み立てていくには、書くのが一番です。

また、自分で書いた文字を見ることで**意識が強まります**。印刷された文字ではなく、自分で書いたのですから、説得力が違います。その強い筆跡に自分の覚悟を見つけることもできるでしょう。

だから、「アプローチシート」は何度でも書き直していいですし、内容は変わらなくても、同じことを毎日書いたっていいのです。問いかけながら書くことによって、そして書いた文字を眺めることによって、脳に明確に具体的に記憶させてしまいましょう。

ただし、**きちんと書き込んだあとなら、ちょっとした空き時間を使って「思い浮かべるだけ」のイメージトレーニングもOK**です。

人と待ち合わせをしているカフェで、あるいは通勤電車の中で、いつでもどこでも

思い浮かべるだけのイメージトレーニング

イメージトレーニングをしてみましょう。

頭の中に「目標の山」を思い浮かべ、あなたが「アプローチシート」に書き込んだ5つの項目について繰り返し思い浮かべてみましょう。

繰り返し思い浮かべるだけでなく、もっといいイメージが浮かんだら更新してください。このときも、シートに書き込んでいる様子まで頭の中でイメージしてください。

それによって、脳にしっかりインプットされます。


こうしたトレーニングを日常的に繰り返していると、何事につけ、すぐにいいイメージを描けるようになります。

そのイメージに脳はすっかりだまされて、イメージ通りの現実をつくってくれるのですから、ふだんからイメージトレーニングに親しんでいる人とそうでない人の人生は、まったく違うものになっていきます。

THE WAY OF LEARNING TO THE TOP

43 言語よりイメージで覚えると記憶力が高まる

勉強を効率よく進めるためには、記憶力は最も重要なポイントとなります。いくらいいインプットをしても、片っ端から忘れてしまったのでは話になりません。

では、記憶力を高めるには、どうしたらいいのでしょうか？

前述したように、私たちの大脳新皮質には、イメージを司る「右脳」と、言語を司る「左脳」があります。

論理的・分析的な「左脳」に対して、「右脳」は感覚的です。となると、記憶は論理的な「左脳」で行ったほうがいいように思えますが、そうではありません。**記憶こそ「右脳」を活用すべき**なのです。

記憶には短期記憶と長期記憶があります。

「今日の会社帰りにスーパーに寄って、牛乳とケチャップを買ってくる」

このようなことなら、もちろん短期記憶でいいでしょう。

しかし、勉強となったら長期記憶が必須です。

そして、**長期記憶にするためには、言語で覚えるのではなく、イメージで覚えるほうがはるかにいい**のです。


たとえば、取引先で新たに数人の担当者を紹介されたとしましょう。

それぞれと名刺交換して、「小林さん」「石井さん」などと呼びかけながら話をしていれば、その場は名前が頭に入ります。

だから、覚えたつもりになってしまうのです。

ところが数日後、その名刺を見ると、誰が「小林さん」で誰が「石井さん」だったか、まったくわからないということがよく起こります。これは言語の記憶だけに頼っていたからです。

一方で、名刺にその人の特徴を書き込んでいると、ちゃんと思い出せます。

「ドラえもんのような声と体型＝小林さん」

「神経質そうな印象。銀行員みたい＝石井さん」

人に見られることを考えると、あまり失礼なことは書けませんが、イメージはまざまざとよみがえることでしょう。

いずれにしても、よほどめずらしい名前でない限り、**名前よりも見た目のイメージのほうが、ずっと印象深く残っている**はずです。

道ですれ違った人に呼び止められて、「あっ、この人、たしかに会ったことがある。でも、誰だっけ？」となるのは、言語の記憶よりイメージの記憶のほうがはるかに優れているからです。どのくらい優れているのかといったら、100万倍というすごい数字です。

THE WAY OF LEARNING TO THE TOP

44

覚えられない情報もイメージなら記憶できる

私の知人にフラワーアレンジメントの講師がいるのですが、彼女が「なかなか覚えられない名前の花がある」といってきました。

「どんな名前？」

「えーと、なんだったっけ。リュウ…カ…デ…ン…ド…ロン」

メモを読みながらも、舌を噛みそうになっています。

これだけでなく、そのほかにもたくさんの花の名前を出して生徒たちに説明しなくてはならない彼女にとって、「リュウカデンドロン」を文字だけで覚えようとしたら、結構なストレスです。

そこで、私はイメージの記憶をすすめました。

「竜と家電がドロンしちゃうってことだよ」

ドラゴンと洗濯機が一緒にドロンと消え失せるイメージを話したら、一発で彼女は記憶し、その後も忘れることはありませんでした。

いまは携帯電話のアドレス帳にいくらでも記憶させておけますから、人の電話番号を覚える必要性もなくなってきましたが、以前は会社や友人など10個くらいの番号は誰でもソラでいえました。

そのときも、人それぞれ、なんらかのイメージの力を利用して覚えていたはずです。

ただの語呂合わせではなく、そこにイメージが付加されることで、記憶の定着率ははるかに高まります。

「リュウカデンドロン」も、「竜」「家電」「ドロン」の文字だけではなく、「ドラゴンと洗濯機が一緒にドロンと消え失せる」といった様子をしっかりイメージすることが大事なのです。

THE WAY OF LEARNING TO THE TOP

45 ペグ記憶法なら1単語を3秒で記憶できる

わかりやすい例として「リュウカデンドロン」を引き合いに出しましたが、実際には、**「イメージを使った記憶」には語呂合わせは必要ありません。**覚えるべき「言葉」と、なんらかの「イメージ」をセットにすればいいのです。

ここでちょっとテストをしてみましょう。

次ページに並べた脈絡のない30の言葉を記憶してください。

しかも、たんに「みかん」「椅子」という単語を思い出せばいいのではなく、「1番はみかん」「12番は椅子」というように思い出してください。

記憶力テスト

1	みかん	16	皿
2	パソコン	17	靴下
3	タオル	18	ミネラルウォーター
4	ひまわり	19	電池
5	新聞	20	きゅうり
6	ホットケーキ	21	トイレットペーパー
7	100円玉	22	飛行機
8	リュック	23	ボールペン
9	コーヒー	24	ブタ肉
10	電信柱	25	目薬
11	うちわ	26	ストーブ
12	椅子	27	ゴミ箱
13	辞書	28	ゴマ
14	切手	29	カーテン
15	ダンボール	30	携帯電話

いくつできましたか？

かなり厳しい結果が出たのではないでしょうか？

ところが、私の指導で学ばれた方々は、誰もが間違わずにスラスラ答えることができます。もちろん、そのたびに問題となる単語を変えても、すべて正解します。

これはイメージで記憶しているからです。

じつは、私の指導で学ばれた方々は、「ペグ記憶法」を用いています。ペグとはテントを張る杭のことで、「引っかける」という意味を持ちます。

ちょっと具体的にやってみましょう。

まず、次ページのように体の部位に番号を振っておきます。そして、その番号の部位に「みかん」なり「椅子」なりを想像上で貼りつけていくのです。

そのときに、それぞれの特徴をイメージしながら貼りつけるのがコツです。

「みかんがおでこから転がらないようにしないと。おでこに黄色いシミがついたらイ

ペグ記憶法

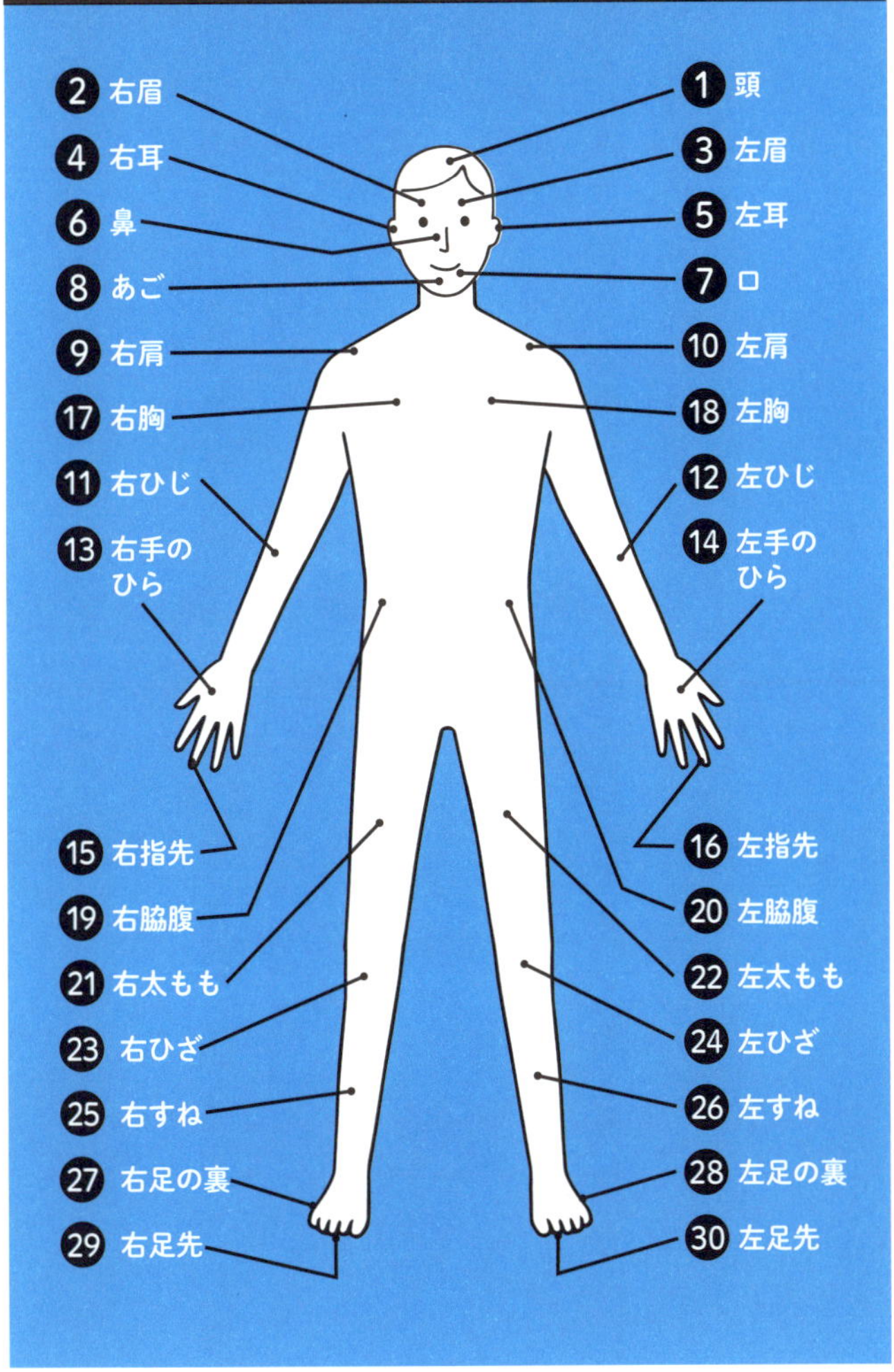
1 頭
2 右眉
3 左眉
4 右耳
5 左耳
6 鼻
7 口
8 あご
9 右肩
10 左肩
17 右胸
18 左胸
11 右ひじ
12 左ひじ
13 右手のひら
14 左手のひら
15 右指先
16 左指先
19 右脇腹
20 左脇腹
21 右太もも
22 左太もも
23 右ひざ
24 左ひざ
25 右すね
26 左すね
27 右足の裏
28 左足の裏
29 右足先
30 左足先

ヤだなあ」

「椅子はちょっと重いな。でも、背もたれのところに左ひじを引っかけて待ち上げればなんとかなるか」

こんな具合です。**それぞれの単語と体の部位をイメージで結びつける**ことで、記憶の精度が一気にアップします。

いきなり30単語ではなく、10単語くらいから始めてもいいでしょう。慣れるにつれて1単語3秒くらいで貼りつけられるようになります。

このトレーニングは、**実際の記憶力をアップするだけでなく、脳の活性化にも大いに役立ちます**から、単語を変えてゲーム感覚でやってみてください。

THE WAY OF LEARNING TO THE TOP

46

記憶はその日のうちに復習して定着させる

記憶を短期に終わらせずに長期記憶にしていくために、復習の習慣は欠かせません。

前述したように、名刺交換しただけで放っておけば、数日でその人の名前は忘れてしまいます。

そこで、有能なビジネスパーソンは、会ってから数時間以内に記憶にフックする工夫をします。

「ドラえもんのような声と体型だったのが小林さん」

「神経質そうな印象で、銀行員みたいだったのが石井さん」

名刺交換したその日に、もう一度、名刺を眺めながら姿を思い出します。つまり、忘れないうちに復習するのです。

有名な「エビングハウスの忘却曲線」というのがあります（次ページ）。

心理学者のヘルマン・エビングハウスは、「子音＋母音＋子音」で成り立つ無意味な音節（たとえば、sup・ron・het・gak などというもの）を記憶し、その再生率を調べました。

その結果、**ふつうに記憶しただけでは、1日で半分以上忘れてしまう**ということがわかりました。

だからこそ、イメージの記憶が重要であるとともに、忘れる前のタイミングで復習することも非常に大事なのです。

名刺交換だって、交換したその日のうちに整理しておかなければ、すぐにあやふやになるのですから、勉強ならなおのことです。

記憶が必要な勉強は、覚えたその日に一度、必ず復習をしておきましょう。

エビングハウスの忘却曲線

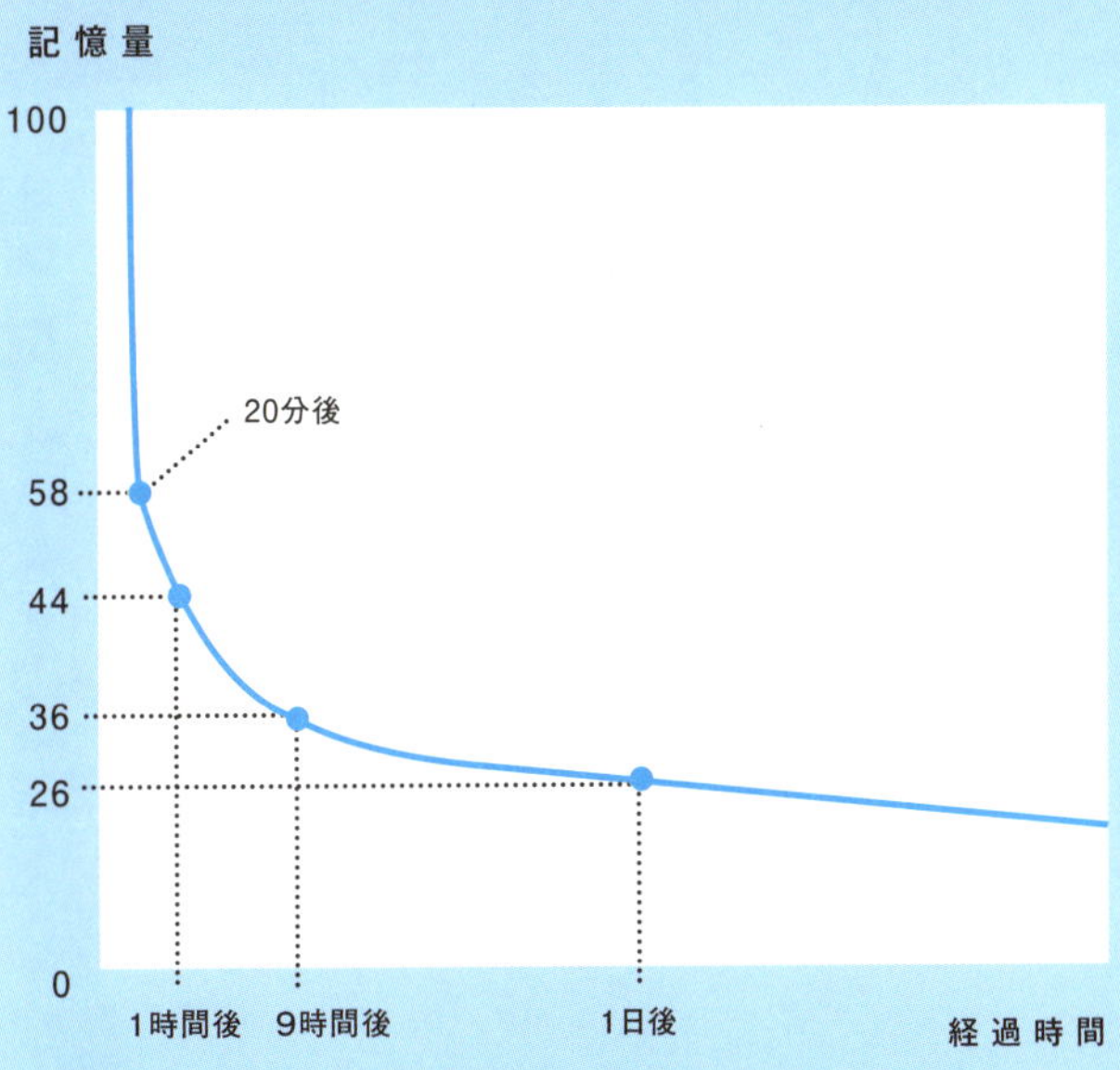

経過時間

- 20分後に42%を忘却し、58%を記憶
- 1時間後に56%を忘却し、44%を記憶
- 9時間後に64%を忘却し、36%を記憶
- 1日後に74%を忘却し、26%を記憶
- 1週間後に77%を忘却し、23%を記憶
- 1ヵ月後に79%を忘却し、21%を記憶

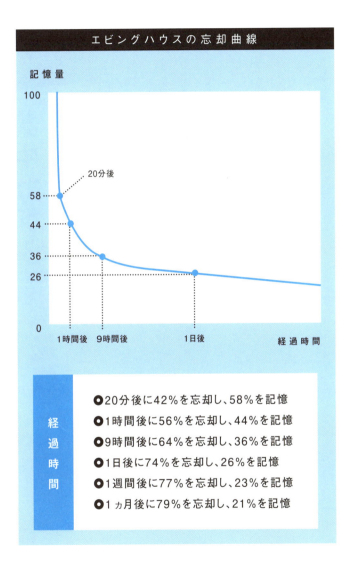

THE WAY OF LEARNING TO THE TOP

47

集中力が必要な勉強は脳が疲れる前にやる

勉強は、ただ長時間やればいいというものではありません。いかに集中して、内容の濃い勉強ができるかがカギです。ましてや社会人の場合、勉強に費やせる時間は限られていますから、集中力のある人こそが結果を出せるといっていいでしょう。

集中力を必要とする勉強は最初にやってしまうことです。脳が疲れてしまってからでは、なかなか集中できません。

これはスポーツも同じこと。野球の守備練習などは最初にやったほうがいいのですが、ダメな監督やコーチは、それがわかっていません。

最初にダッシュなどを繰り返させ、ヘロヘロになってから守備の連携プレーなどを教えても、集中できません。

その結果、トンネルをしたり暴投したりとミスの連続。脳はミスの経験ばかり記憶してしまって、ますます下手になっていきます。

あなたの勉強において、**「集中できない！」というマイナス感情を抱いてはなりません。**

だから、集中力を必要とする勉強は最初にやってしまって、「よしよし、集中力バッチリだ」と脳に思い込ませてほしいのです。

THE WAY OF LEARNING TO THE TOP

48
西田式呼吸法を覚えて集中力をさらに高める

集中して勉強するには、**勉強以外のことを、いかにシャットアウトするか**を考える必要があります。

夫婦ゲンカをしてカッカしたままで、あるいは仕事のミスが気になってイライラしたままで、いい勉強ができるはずがありません。

こんなときは「西田式呼吸法」が役立ちます。

私自身、夫婦ゲンカをしたときも、仕事でイライラしたときも、この呼吸法でマイナス感情をきれいさっぱり捨て去っています。

ここで、具体的にやってみましょう。

①ゆったり座って目をつぶります。
②3秒かけて鼻から息を吸って、そのまま2秒止めます。
③その息を口から細く、少しずつ、ゆっくりと、息を吸った倍の時間をかけて吐いていきます。
④息を吐くときに、脳の中もいったんクリアにするイメージを持ってください。
⑤この呼吸を4～5回繰り返し、脳の中をすっかり空っぽにしていきます。

勉強を始める前にこの呼吸法を行っておくと、脳がまっさらになり、より情報が入りやすくなります。

また、マイナス感情が起きたときなどにも、この呼吸法で気持ちを整えましょう。

1日の終わりにこの呼吸法を行い、**その日のイヤな思いをクリアにする習慣**をつければ、ふだんからプラスのイメージをふくらませやすくなります。

西田式呼吸法のやり方

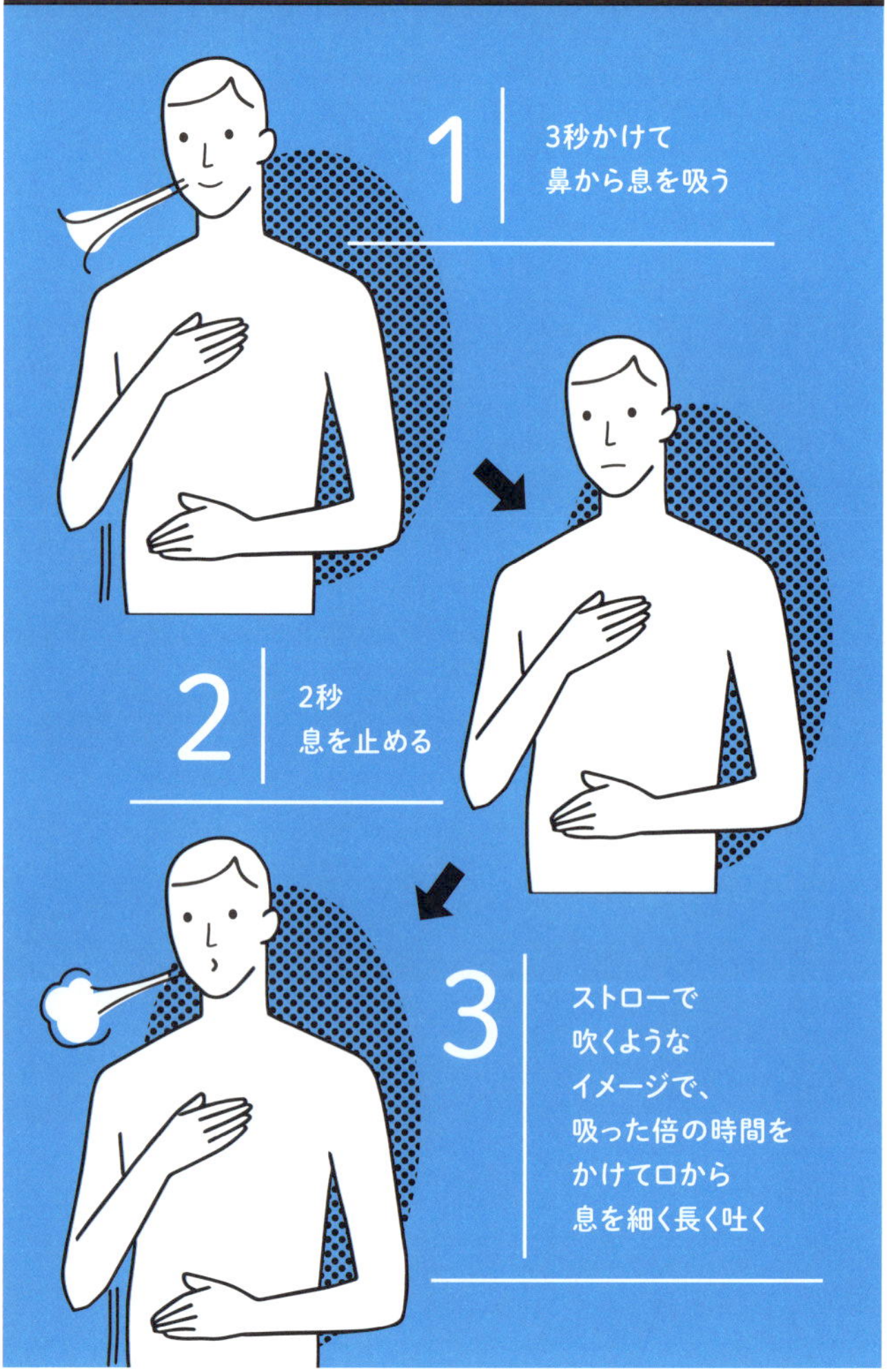
1
3秒かけて
鼻から息を吸う
2
2秒
息を止める
3
ストローで
吹くような
イメージで、
吸った倍の時間を
かけて口から
息を細く長く吐く

THE WAY OF LEARNING TO THE TOP

49 集中力が削がれたら鉛筆の先を凝視する

集中力を妨げる要素はいろいろあります。

たとえば「音」。

近所で道路工事をしていたら、騒音でなかなか勉強に集中できませんよね。そんなときは、耳栓をするなど、積極的な防衛策が必要です。

しかし、一方で「静かすぎると集中できない」という人もいます。静かな自室よりも少しざわついたファミレスなどのほうが集中できるというなら、そうした場所を利用するのもいいでしょう。

しかし、聴覚と違って、**視覚については余計なものを入れないほうが集中できます。**

目から入るイメージは強力なので、どうしてもそちらに引っ張られるからです。

そこで、勉強を始めるときや試験の直前、あるいは集中力がなくなったと感じたら、**「アイコントロール」**をしましょう。


鼻で息を吸ってから、どこか空間の1点を見つめ、口から息を吐きます。

見つめる1点はなるべく小さいものがいいので、私は教え子たちに「鉛筆の先」を見るように指導しています。


もちろん、あなたが決めたものであれば、なんでもOK。

「これを見たということは、集中のスイッチを入れる合図だ」

このように、あなたが認識できればいいのです。

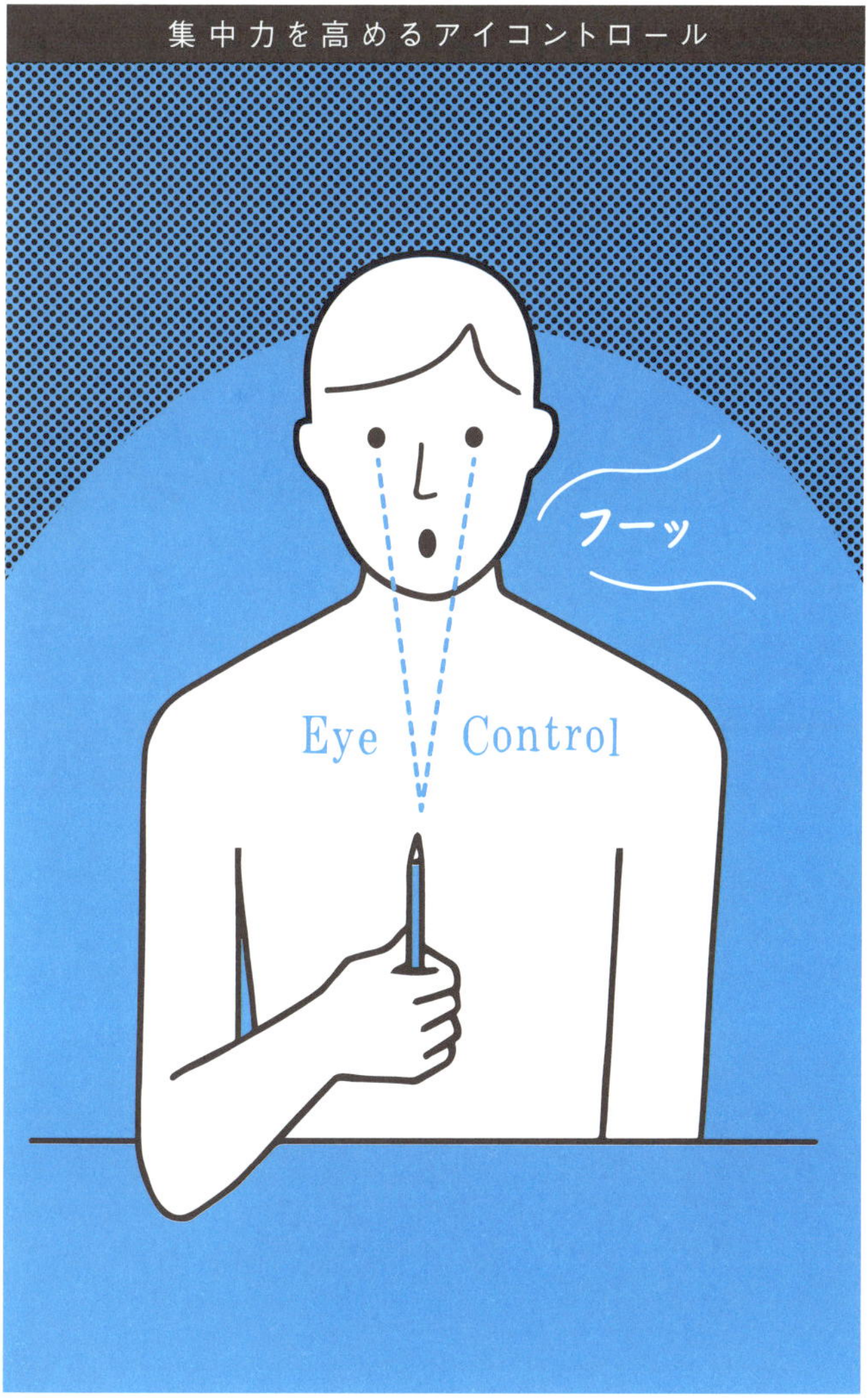
集中力を高めるアイコントロール
フーッ
Eye Control

THE WAY OF LEARNING TO THE TOP

50

休憩は無理に取らずにプラスイメージでとらえる

よく「定期的に休憩を取ることで集中力が上がる」ということがいわれます。私のところにも休憩についての質問が寄せられます。

「具体的に何十分勉強して、何分休めばいいのでしょうか？」

でも、私はこう返事をするしかありません。

「集中できる間は勉強して、できなくなったら少し休みましょう」

子どもたちを見ていても、ガーッと集中するけれども飽きやすい子もいれば、放っておけば2時間くらい没頭している子もいます。

集中できる時間は人それぞれ違うのです。

それを、判で押したように**「休まなくちゃ」などと思うこと自体がナンセンス**です。

大事なのは、「集中力が途切れた」と感じたときにどうするかです。

「今日はここまで。もう寝よう」

こう思うのもひとつ。

「5分だけ音楽を聴こう。そして、また始めよう」

こう決めるのもOKです。

問題なのは、**ダラダラと休み続けて、そのあげくに後悔すること**です。

「あーあ、結局、ずっと音楽を聴いちゃった。せっかくの勉強時間を1時間もムダにしちゃったよ」

こんなことを思ったら、「ダメな自分」「できない自分」を脳に記憶させてしまいます。

休むことは「しなければならない」ことでも「してはいけない」ことでもありません。

休憩にもプラスイメージが必要なのです。

THE WAY OF LEARNING TO THE TOP

51

果物を食べて集中力をアップさせる

食事については第6章でも述べますが、勉強もスポーツと同じで、エネルギーが枯渇すると集中力も途切れてしまいます。

仕事でも勉強でも、頭を使いすぎるとボーッとしてなにも考えられなくなることがあります。まさに脳のエネルギーがなくなっているのです。

こんなときは、甘いものを食べるといいと、多くの人が知っています。それはたしかではあるのですが、できればケーキなどではなく、**果物を食べてほしい**のです。

脳のエネルギーになるのは「ブドウ糖」です。脳はブドウ糖なしには働きません。

ブドウ糖は多糖類である炭水化物や2糖類の砂糖などが分解されてできますが、砂糖を一気に大量にとると、血糖値が急激に上がってしまいます。

すると、急激に上がった血糖値を下げようとインスリンが働いて、今度は急激に血糖値が下がっていきます。

血糖値がジェットコースターのように上下すると、集中どころではなく、体調そのものに悪影響を与えます。

それに対して、果物に含まれる果糖は、血糖値の上昇が比較的少ないため、急いでエネルギーを補給するにはもってこいなのです。

プロのテニス選手が試合の合間にバナナを食べている様子がテレビで映し出されることがありますよね。あれも、血糖値を急上昇させずにエネルギーを手早く補給するためです。

「集中力が途切れた」と感じたら、**ケーキやようかんに手を出すのではなく、バナナを食べておきましょう。**

THE WAY OF LEARNING TO THE TOP

52

将来イメージがあれば集中力は途切れない

「最初は張り切って頑張るんだけど、だんだんイヤになってきて……」

このように、勉強を続けることができないという悩みを、じつに多くの人が抱えています。

勉強へのモチベーションが保てない理由は、ひとえに将来イメージが明確でないからです。自分が将来どうなっているかが見えず、ワクワクしないでやっているから続かないのです。

また、将来イメージが明確であれば、「いま」を起点に考えるのではなく、目的がかなったゴールから逆算して見ることができます。

つまり、いまやっていることが将来のプラスイメージにどのように作用しているかがわかるので、楽しくてしょうがなくなります。

だから、モチベーションはアップしても、下がることなどありません。

勉強に取り組むときには、いきなり始めるのではなく、まず**将来イメージの確認**から入りましょう。

また、**ちょっとでも時間があったら、いつでもどこでも将来イメージをふくらませるクセ**をつけておきましょう。

それこそが、「続ける力」の源となります。

THE WAY OF LEARNING TO THE TOP

53

1カ月で挫折するなら1日15分を半年続ける

何事にもいえることですが、無理なことは続きません。最初に頑張っていた人ほど戦線離脱しやすいのは、**張り切って無理なことをしよう**とするからです。

たとえば、社会人が勉強をするときには、長い時間を設定をしないことです。とくに試験日が決まっていない英語の勉強などは、継続すればしただけ身になるのですから、**勉強そのものを習慣化していく**くらいのつもりでいましょう。

だから、無理に詰め込まない。1日1時間やれそうだと思ったら、「30分できたら御の字」くらいに考えておきます。

私は、**1日15分の勉強だって十分に意味がある**と思っています。

「1時間やらなくては」と心に決めて1ヵ月で挫折するよりも、15分を半年続けたほうが、結果的には大きな蓄積となります。

それに、15分のつもりでいたのが30分できた日があったら、かなりいい気分になれるはずです。

できなかったことで凹むくらいなら、やらないほうがいい。ほんのちょっとでも続けることができたら、それは間違いなく目的に近づいているのだから、大いに喜んで脳を「快」にします。

これが「脳だま勉強法」の極意なのです。

THE WAY OF LEARNING TO THE TOP

54

脳への情報の数が多いほど考える力も高まる

勉強には、なにかを覚えていくインプットと、自分の知識を組み立てていくアウトプットの両方が必要になります。

たとえば、数学の証明問題や、英作文の問題などは、記憶だけでは解いていくことができません。

すなわち「考える力」も重要になってきます。

では、この「考える力」がどのように鍛えられるかといったら、**結局のところ、記憶が大事**なのです。

考えるという作業は、脳のシナプスを使って、膨大なデータの中からいろいろな情報をつなぎ合わせたり組み立て直したりすることです。

その材料、つまり**情報の数が多いほど組み立てのパターンも増えます。**

たとえば、一所懸命に考えているわりにはつまらない企画しか出せないビジネスパーソンは、つなぎ合わせる情報が少ないから、いくらこねくり回しても画期的なものが生まれないのです。

シナプスは膨大にあるのですから、そこにインプットを増やせば、ネズミ算式に組み立てパターンは増えていきます。

「考える力」をつけたかったら、いろいろなことをどんどん記憶する、つまり多くの情報を脳にインプットしていくことです。

「自分は考える力が弱い」

こう思っている人こそ、勉強して記憶を詰め込みましょう。

それをやったうえで将来イメージをふくらませていけば、シナプスが自由自在につながり、おもしろいように新しいアイデアを生み出してくれるはずです。

一 流 に な る 勉 強 法

THE WAY OF
LEARNING TO THE TOP

第 6 章

脳を働きやすくする

頭が冴えわたる習慣を身につける方法

THE WAY OF LEARNING TO THE TOP

55 睡眠は時間ではなく質にこだわる

寝不足で頭がすっきりしない状態では勉強がはかどらない。これは誰も異論がないところだと思います。

では、寝不足とはどういうことをいうのでしょうか？

睡眠が足りているか、足りていないかは、時間の長さによって判断できるものではありません。

たとえ短い睡眠時間であっても、**本人がすっきり目覚めたのなら、睡眠不足ではない**のです。

エジソンは、毎日3時間ほどしか眠らずに偉大な研究を続けました。いわゆる「ショートスリーパー」でした。

一方、「ロングスリーパー」として有名なのはアインシュタインで、9時間以上眠らないと不調を訴えたといいます。

あなたがロングスリーパーだったとしても、それは体質ですから、無理に変えようなどとしないことです。

たとえ睡眠時間を削って勉強時間にあてたとしても、それだけ勉強が進むというものでもありません。

ショートスリーパーのまねをしても眠くて集中力が続きませんから、かえって時間をムダにすることになります。

睡眠に関しては、時間ではなく質にこだわりましょう。

とくに、**寝ついてからの90分が非常に大事**になります。

眠りには「ノンレム睡眠」と「レム睡眠」があることを知っているでしょうか？

次ページの下図のように、「ノンレム睡眠」と「レム睡眠」は交互に訪れ、だんだん「レム睡眠」の割合が増えていきます。

最初の「レム睡眠」は非常に深く、脳下垂体から成長ホルモンが1日のうちで最もたくさん分泌されます（次ページ上図）。

このときにぐっすり眠っていること、騒音などに眠りを妨げられないようにすることが大事なのです。

また、この時間帯を**「眠りのゴールデンタイム」**と呼ばれている午後10時から午前2時までに持ってくると、より成長ホルモンの分泌が促されます。

つまり、**夜11時頃までにはベッドに入る**のが理想だということです。

睡眠と成長ホルモンの関係

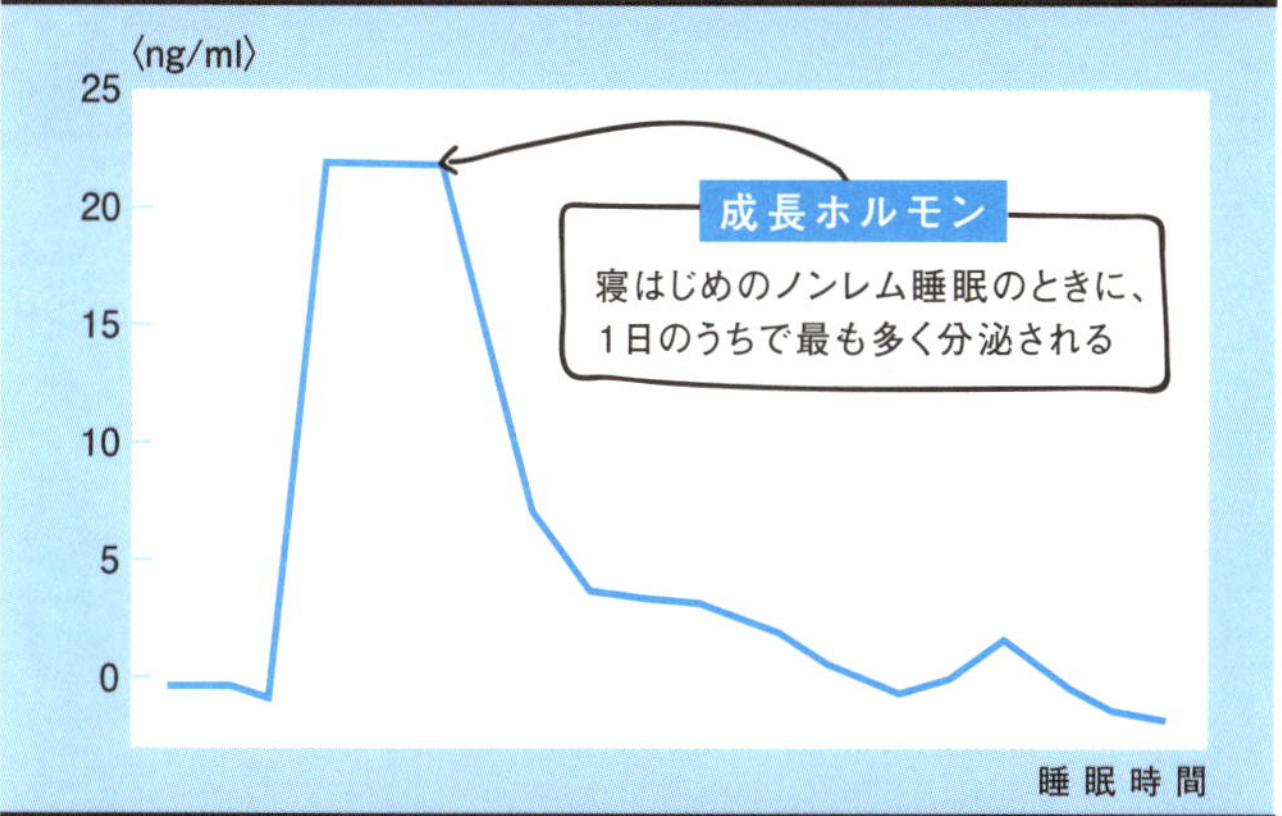

睡眠のサイクル

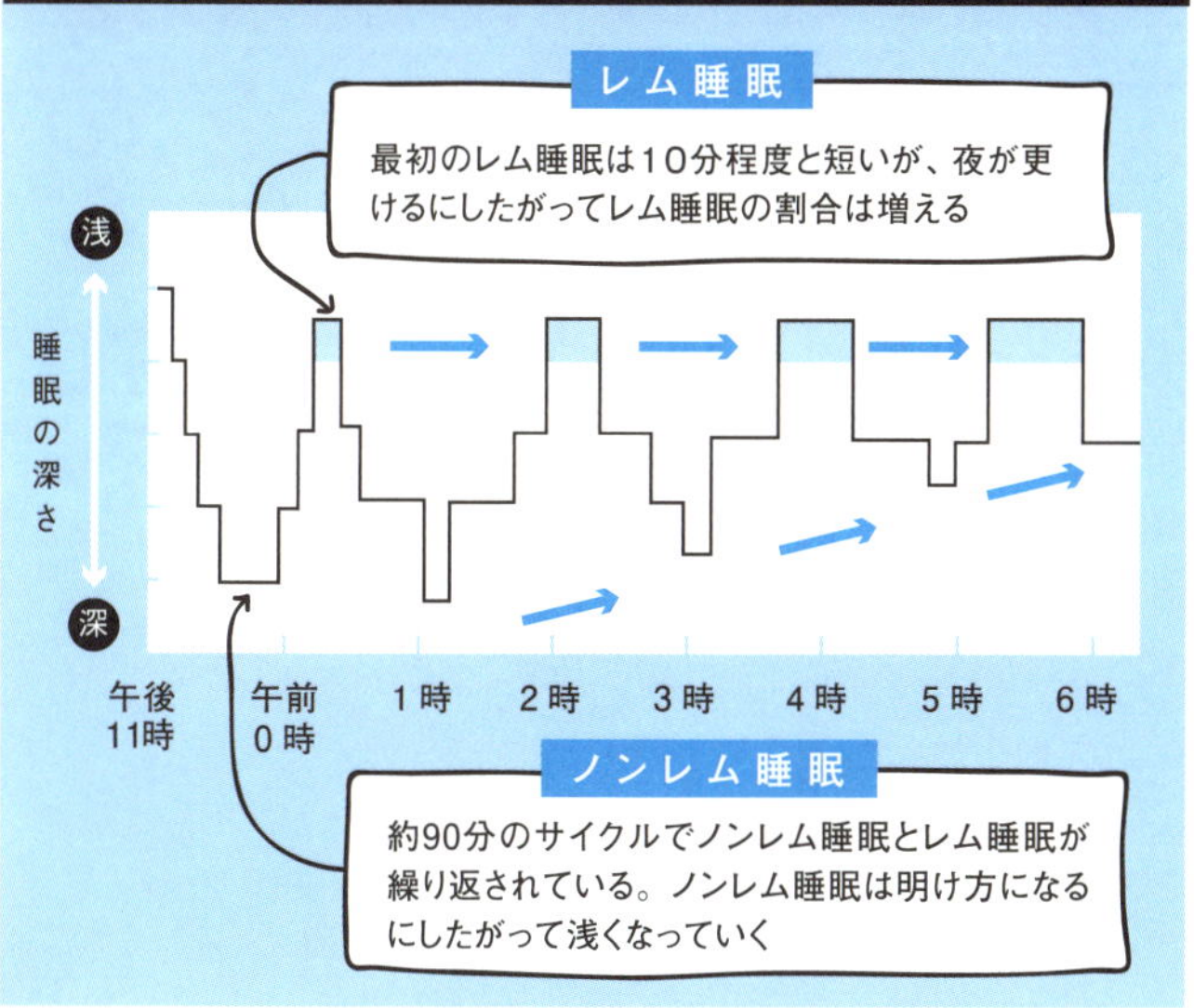

THE WAY OF LEARNING TO THE TOP

56

すっきり目覚められる睡眠サイクルを知る

前ページの図をもう一度見てください。

朝に向かうにつれて「レム睡眠」の割合が増えてくるとはいえ、「ノンレム睡眠」と「レム睡眠」は1セット約90分のサイクルで推移します。

「レム睡眠」のレムはREM（Rapid Eye Movement）。体は弛緩していても、脳は覚醒に近い状態で、瞼の下で眼球が動くことから、こう名づけられました。

このレム睡眠が終わって、次のノンレム睡眠に入る前に起きると、すっきり目覚められることがわかっています。

つまり、1セットが終わる前、**寝ついてから90分の何倍かのところで起きる**ようにするといいのです。

となると、一般的には**6時間か7時間半**の睡眠時間がベストということになりますが、ショートスリーパーなら4時間半、ロングスリーパーなら9時間でしょうか。

いずれにしても、ただ長く眠ろうとするのではなく、頭のいい眠り方を考える必要があります。

いまは、人間の眠りのサイクルをキャッチして、ちょうどいい時間に起こしてくれる目覚ましグッズも市販されています。こうしたものを上手に利用するのもいいかもしれません。

THE WAY OF LEARNING TO THE TOP

57

勉強してすぐ寝ると記憶がしっかり定着する

お酒を飲んで酔っぱらってでもいない限り、夜寝る前の時間帯は静かな環境で勉強するのに適しています。

ただし、勉強が乗ってきてもあまり深夜に引きずらないことです。そのときは調子が良くても、睡眠のリズムを乱すことになるので、**時間が来たらスパッとやめます**。

人間は寝ている間に脳の記憶を組み替えるため、勉強してすぐ寝てしまえば、記憶がしっかり定着しやすくなります。

決めた時間まで集中して、時間が来たらさっさとベッドに入りましょう。

そのときの脳には、**勉強したこと以外は残しておかない**のがコツ。

最悪なのは、寝る前の楽しみにゲームなどをしてしまうことです。これでは、せっかくやった勉強の記憶にゲームの記憶が上書きされてしまい、睡眠中の脳の組み替えを生かせません。

また、寝る前には**「不愉快な記憶」**もクリアにしてください。

会社でイヤなことがあった。

夫婦ゲンカをしてしまった。

こうした記憶を抱えたまま寝ると、脳はそれを記憶して朝を迎えます。

睡眠中に疲れを取るどころか、脳にストレスを蓄積することになります。

「脳だま勉強法」では、脳を「快」にすることがポイントです。

寝る前にイヤなことが頭をよぎったら、158ページでも紹介した呼吸法で脳をクリアにしてください。

THE WAY OF LEARNING TO THE TOP

58

朝食では脳が働くグリコーゲンを補充する

巷に流布される健康法には、食事に関してさまざまな考え方が存在します。「午前中は胃を空っぽにして排泄にあてるべきで、朝食は抜いたほうがいい」という人もいます。私はそうした意見にわざわざ異を唱えるつもりはありません。

しかし、こと**勉強に関しては「朝食抜きは絶対にＮＧ」**です。

私たちの肝臓には、脳の唯一のエネルギー源であるグリコーゲン（肝グリコーゲン）を50グラムくらい蓄えておくことができます。このグリコーゲンは1時間に5グラムずつ消費されるといわれています。

夕食後2時間たってから8時間寝たなら、起きたときはほとんど空っぽです。

朝食をとった人は、そのグリコーゲンを補充したので、とらない人に比べて朝からの脳の働き度合いがはるかに高いのです。

ただし、朝から〝ガツ飯〟はいただけません。肉を100グラム消化するには4時間以上の時間が必要です。その間に血液の多くが胃に行ってしまうので、肝心の頭が働かなくなってしまいます。

ランチにカツ丼など重いものを食べると午後に眠くなってしまうのは、血液が胃に行っているからです。

朝食には、**消化がよくてグリコーゲンに変わりやすい炭水化物や、果糖を含む果物**を中心にとるようにしましょう。

おにぎり、お粥、うどん、トースト、バナナなど、簡単なものでいいので、口に入れてから出かけましょう。

THE WAY OF LEARNING TO THE TOP

59

朝食の2時間後に脳はベストの状態になる

マラソン選手はスタートの2時間くらい前にパスタなどの炭水化物をとります。炭水化物は消化の負担が少なく、直接エネルギーになるからです。

マラソン選手でなくても、ほとんどのアスリートが本番から時間を逆算して炭水化物を摂取しています。

これはあなたの勉強にも当てはまります。**テストの日には本番2時間前に炭水化物中心の朝食**を食べれば、ちょうどいい状態で頭が働きます。

テストの日でなくても、ふだんの勉強においても同様です。**朝食の2時間後に脳はベストの状態になりますから、ここで勉強をスタートしましょう。**

社会人なら早めの電車に乗って、会社の近くのカフェで始業前の勉強をするのもいいでしょう。

前述したように、私は1日15分の勉強でも十分に価値があると思っています。遅刻ギリギリに会社に駆け込むような生活ではなく、30分早く電車に乗れば、おいしいコーヒーと15分の勉強で、すばらしい1日を始められます。

そのときにポイントとなってくるのは、**「すでに朝ご飯を食べ終わっている」**ということです。

サンドイッチをほおばりながら勉強すると、血液が消化に使われてしまうことをお忘れなく。

THE WAY OF LEARNING TO THE TOP

60 勉強机を片づけるより脳の環境を整える

実際に最近では、早朝のカフェで勉強する人が増えています。慌しく人が出入りするカフェですが、勉強している彼らの多くは、自分の部屋よりもかえって集中できるといいます。

勉強に適した環境は人それぞれ違います。

要は、脳がノリノリになってくれればＯＫで、**整然としていようが散らかっていようがかまいません。**

私の教え子にも、机の上を「いったいどうしたら、こんなに汚くできるんだ」と思えるような状態にしている生徒がいますが、彼らにいわせれば、ゴチャゴチャなほうが落ち着くのだそうです。

それに対して、私はいっさい「片づけろ」などといいません。

世の中は「片づけブーム」のようですが、「脳だま勉強法」で大事なのは、脳を「快」にすることです。

片づいていると気持ちがいいという人が多いかもしれませんが、散らかっているほうが「快」なら、それはそれでまったく問題ありません。

世間の潮流に合わせるよりも、**自分の脳の欲求に正直に**いきましょう。

61 試験直前こそふだんの自然体を保つ

試験そのものへの取り組み方についても、**巷でいわれている「ノウハウ」に惑わされない**ことです。

「テストの答案用紙が配られたら、スタートの合図があるまで裏から透かして問題を読んでおけ」

こんな指導をしている予備校もありますが、私は**そんな小さなことは必要ない**と思っています。

試験がスタートする前は、そんなことで気持ちをウロチョロさせずに、**呼吸を整えて心を落ち着かせるほうがずっと効果的**です。

161ページで紹介したように、鉛筆の先など1点を見つめてフーッと息をゆっくり吐き出し、試験に集中する準備を整えましょう。

こうしたことは、**ふだんから行って習慣にしておく**ことが大事です。

ふだんやっていることだからこそ、緊張する本番でも「いつもと同じ」気持ちになれるのです。

本番直前にすべきことは、答案用紙を裏から読むなど、ふだんと違う変なことではなく、〝いつも通り〟の自然体です。

慌てている人たちを尻目に、どっしりと試験に取り組みましょう。

THE WAY OF LEARNING TO THE TOP

62

自分のメンタルと向き合って ここ一番で成果を発揮する

スポーツ選手を見ていればわかるように、いくら日頃から努力していても、〝ここ一番〟に弱いのでは結果を残せません。

これはビジネスだって勉強だって同じこと。勉強法そのものもさることながら、メンタルトレーニングも軽視してはなりません。

サンリ能力開発研究所では、有名アスリートへのアドバイスも行っていますが、その多くがメンタルの強化についてです。

有名アスリートですら、自分のメンタルをいい状態にしておくために、日々心を砕いているのですから、一般人ならなおさらです。

あなたも、ふだんから強い気持ちで勉強を続け、〝ここ一番〟でその成果を余すところなく発揮できるように、メンタルトレーニングを習慣にしましょう。

メンタルが弱い人というのは、漠然とした不安を抱えながら、不安の本質に踏み込むことを怖がります。つまり、逃げているのです。

でも、逃げているままでは、いったいどこが問題なのか、自分の本当の心理状態がわかりません。わからないから、対処できずに、さらに不安を募らせるというマイナススパイラルに陥ってしまいます。

これでは自信の持ちようもありませんよね。

メンタルトレーニングで重要なのは、**自分のメンタルの弱みから逃げず、しっかり見る**ことです。

そのためには〝書く〟ことが一番。

次ページの「メンタルチェックノート」をつくり、1日の終わりに自分のメンタルの状態を書き込んでいきます。

①今日の良かった点
②今日の問題点
③明日はどうするか

この3点について自分なりに分析し、自分の文字で書き込み、読み直す。これだけで非常に効果的なトレーニングになります。

本気で自分のメンタルと向き合っていれば、おのずとそれは強化されていきます。最初の頃は弱々しい書き込みばかりだったのが、だんだん克服されていくのがわかります。「メンタルチェックノート」に表れたその様子は、読み返しているあなたに大きな自信をもたらしてくれるでしょう。

自分のメンタルと向き合う方法
今日の良かった点
明日はどうするか
今日の問題点
メンタルチェックノート
書く
読む

THE WAY OF LEARNING TO THE TOP

63

将来イメージを突き詰めて資格試験を突破する

社会人の勉強のきっかけは、資格が欲しいとか、語学を身につけたいというようなものがほとんどでしょう。

あるいは社内の昇進試験もあるかもしれません。

そうした社会人の勉強は、大学受験の勉強よりさらに「将来イメージ」が重要になってきます。

大学受験であれば、大学に入ってからであっても4年間という猶予期間がありますから、そこでもなお自分の将来について、さまざまなイメージをふくらませて考えることができます。

しかし、社会人にはそんな時間の余裕はありません。

資格が取れたとして、語学が身についたとして、それをどうしたいのか。

とことん将来イメージを突き詰めてください。

そのイメージが明確でなければ、せっかくの勉強の成果も生かすことができません。

さらにはモチベーションも保てないから、質のいい勉強もできません。

「なにか資格でも持っていれば、つぶしがきくのではないか」

「語学ができれば、不景気の中でも有利だろう」

こんな曖昧な目的意識では、おそらく時間のムダです。

弁護士資格を持っていても仕事のない人は大勢います。

その一方で、非常に高い弁護料を取っていながらも、顧客が引きも切らない弁護士もいます。

この差はなにかといったら、司法試験を受ける前から自分がどんな分野で活躍するか、イメージングができていたかどうかなのです。

この差は、結果として大きな差となって現れます。

弁護士であろうと、司法書士であろうと、世の中に資格を持っている人はたくさんいます。

また、英語がペラペラな人なんて掃いて捨てるほどいます。

彼らの一員になっただけでは意味がありません。

そこで、自分がどんな夢を実現するかのイメージが描けなければ、時間とお金のムダなのです。

THE WAY OF LEARNING TO THE TOP

64 面接を受ける際も将来イメージがカギを握る

すでに社会人経験のある人ならよく理解していると思いますが、大学受験と違って、就職試験は点数だけで合否が決まるものではありません。人間相手の仕事ですから、いくら〝お勉強〟ができてもダメで、履歴書に書かれた内容や筆記試験の結果よりも面接を重視するのが当たり前です。

私の会社でも同様です。社員の採用には私も面接官として立ち会い、その結果を重視します。

いまは少しは良くなっているようですが、一時は完全に不景気の買い手市場で、数名の人材を求める企業に対して大勢の応募者が殺到していました。だから、さぞかしいい人材を選び放題かといったら、そうでもありません。殺到してくる人は、どれも同じように物足りないケースが多いのです。

「私は学生時代、サークルでメンバーをまとめ上げ……」
「明るい性格なので、人間関係には自信が……」
「前の会社では商品開発部門に抜擢され……」

このように、どこで習ってきたのか知りませんが、前向きでコミュニケーション能力が高く、いろいろ活躍してきたということを、やたらとアピールします。

でも、現場の面接官は、そんなことは聞き飽きています。面接官が聞きたいのは、あなたがどれほどいい人かとか、過去にどれほど頑張ってきたかなどということではありません。

「この人は、いったいわが社でどんなことをやってくれるんだろうか」

面接官が聞きたいのはここだけです。

ただ熱烈に「御社に入りたい」といわれても、そこは月謝を取る学校とは違うのですから、無理なのです。


「御社に入ることができたら、ぜひ営業部門で○○の販売に携わりたい」

「○○のようなビジネスマン向け商品を女性に向けても開発してみたい」

重要なのは、こうした将来イメージです。

このイメージがしっかりできていれば、面接官からどんな質問が来ても、正直に落ち着いて答えることができます。

ところが、それがないと、用意した〝良い子の答え〟でごまかすことになり、細部について質問されると破綻してしまうのです。


将来イメージを持って自分のやりたいことをしっかり語れば、場合によっては、その会社が目指している路線との違いを浮き彫りにしてしまうかもしれません。

「キミがいっているようなことは、わが社では無理だね」

こうして、即、不合格になることもあるでしょう。

しかし、それで落ちたのなら、かえってムダな時間を節約したともいえます。

「その会社には自分の目標を達成する場はない」ということですから、それがわかってラッキー、落ちてラッキーなのです。

将来イメージを描けないまま、なんとなくお利口な台詞を並べて採用されても、やがて不満ばかりが口をつくようになるのは明らかです。

面接試験の前には、**その会社で自分がどう活躍しているのか**、イメージを豊かにふくらませて臨みましょう。

第7章

脳をあきらめさせない

大きな壁や逆境をぶち破る方法

THE WAY OF LEARNING TO THE TOP

65

失敗したとしても上を狙うチャンスと考える

「脳だま勉強法」で前向きに、楽しく勉強して、目指す試験を受けたが、それでも残念ながら落ちてしまうことだってあるでしょう。

私の教え子でも、第1志望に落ちてしまうケースがあります。

第1志望に落ちると、多くの人はこう考えます。

「受かった第2志望に入るか、それとも、あと1年頑張って、もう一度、第1志望に挑戦するか」

そんなとき、私はまったく違うアドバイスをします。

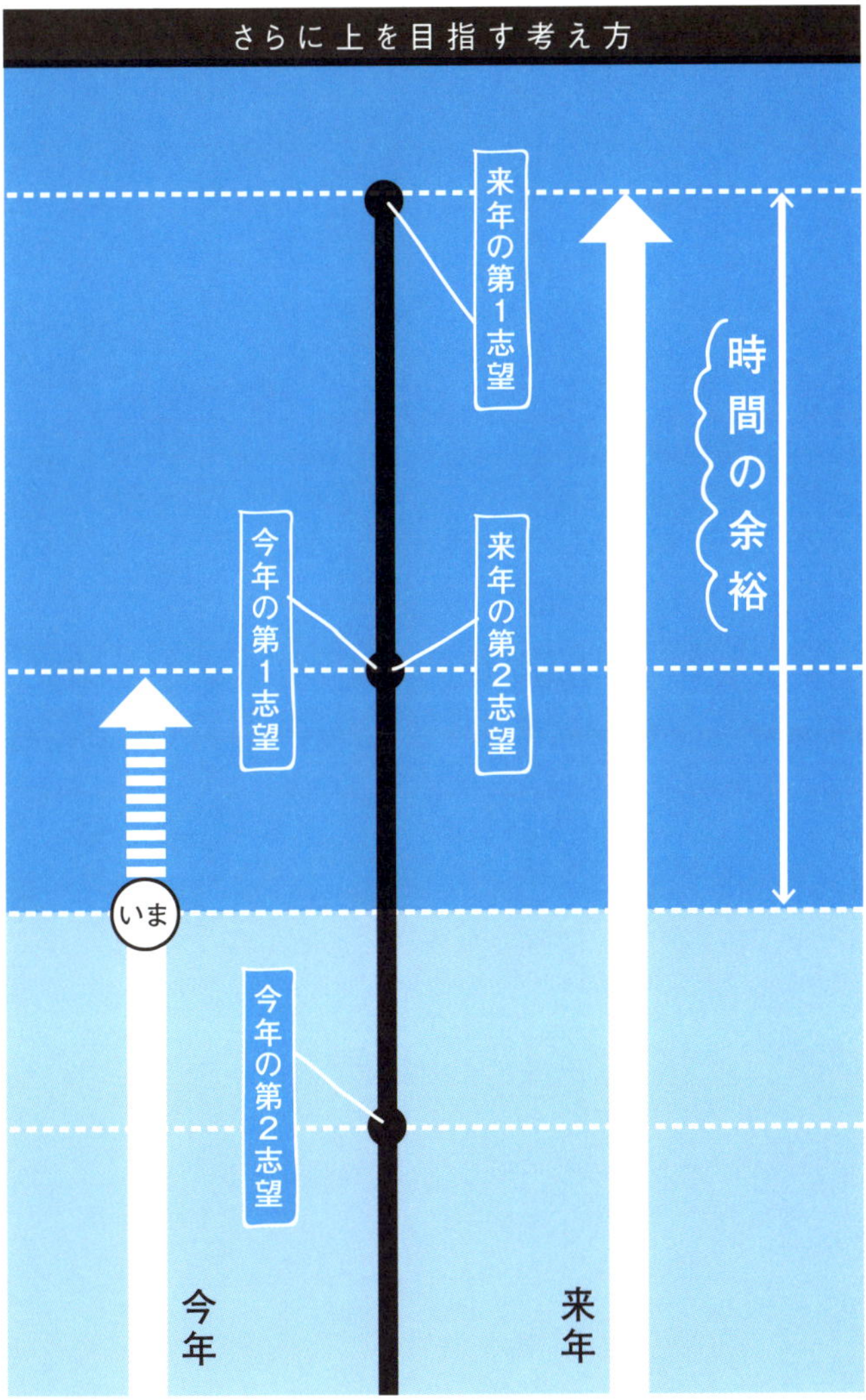
さらに上を目指す考え方
来年の第1志望
時間の余裕
今年の第1志望
来年の第2志望
いま
今年の第2志望
今年
来年

「時間の余裕が1年できたということは、**もっと上が目指せる**ということだね。これまでの第1志望は第2志望にしてもいいいんじゃない？」

試験に落ちたのは、受かるだけの準備ができていなかっただけで、能力が足りないということではありません。

2キロ先に合格地点があったところを、1600メートルしか歩けなかったというだけのことです。

来年、再受験するのであれば、2キロ地点はむしろ楽勝。3キロのところを目指したっていいわけです。

THE WAY OF LEARNING TO THE TOP

66

どんな結果になっても出力はプラスにする

試験に落ちると、まるで「自分を否定された」かのように思って凹んでしまう人がいますが、まったくナンセンスです。

「落ちた」のは、距離が足りずに〝こちらから〟タッチできなかっただけ。〝相手から〟NOを突きつけられたのではありません。

合格も不合格も、あなたが選んだこと。あくまで主導権は自分にあります。

だからこそ、何度でもチャレンジしていいのです。

とくに就職試験の場合、「選ばれた」とか「落とされた」とか、どうしても受け身で結果を見ることになります。

しかし、これだって相性の問題で、「縁がなかった」だけのこと。縁がないことは早くわかったほうがいいわけで、それは恋愛を例に取れば明確ですよね。

「落ちた」は、たしかにマイナス事象。それだけにフォーカスしていたら、もろに「マイナスの出力」ばかりが続いてしまいます。

「あっ、でも、縁がないところがひとつ整理、削除されたということか」と思えば、「プラスの出力」になるのです。

どんな結果であれ、それを「マイナスの出力」にするのも、「プラスの出力」に変えるのも、あなたの自由。あなたに主導権があることなのです。

THE WAY OF LEARNING TO THE TOP

67 ぶつかる壁も自分が生み出したもの

人生は、ただ上のレベルばかりを目指せばいいのではありません。

いくらやっても壁にぶつかってしまう人は、そもそも**目指す場所を間違えている可能性**があります。

どうしても勉強がうまく進まなかったり、何度受けても試験に落ちてしまったりするようなら、いま一度、自分の将来イメージを確認してみましょう。

「子どもの頃から自動車が大好きで、自動車づくりに関わる仕事がしたい。最高にかっこいい、世界一の自動車をつくりたい」

たとえば、こうした夢を持っている人は、大手自動車メーカーに就職しなければいけないのでしょうか？

自動車メーカーはどこも巨大ですから、安定志向の強い人たちに人気で、就職するのは簡単なことではありません。

しかも、巨大自動車メーカーで実際に〝自動車づくり〟に携わっている人は少数派で、ほかの多くの人たちは営業や管理部門の仕事に就いているのです。

つまり、巨大自動車メーカーは、「大企業に入って安定した生活がしたい」という夢を持った人に向いているのかもしれません。

もちろん、ここでいう「夢」は皮肉であって、それよりも、世界一軽い鋼鉄繊維を開発したり、世界一安全なホイールをつくったりする町工場にこそ、その人の働きがいがあるかもしれません。

本当の自分の欲求ではなく、**「世間的によさそうだから」という判断基準で進んでいると、どうしても壁にぶつかってしまう**のです。

山はエベレストだけではありません。富士山も高尾山も同じく山。選ぶ山は人によって違っていいのです。

それを、エベレストを選べない自分にひがんでしまうと、結局、いま本当に登るべき高尾山にも登れなくなります。

チャレンジする前から挫折してしまうのです。

ぜひとも、目指すべきものをしっかりイメージしてください。

THE WAY OF LEARNING TO THE TOP

68

エベレストでも高尾山でも登頂できれば同じ成功体験

エベレストに登る人と高尾山に登る人の違いはなんでしょう?

そんなものはありません。

エベレストに登れた人は成功者。高尾山に登れた人も成功者。

エベレストから滑落したら失敗者。高尾山で挫折したら同じく失敗者。

もちろんエベレストと高尾山では高さのレベルは著しく違います。

しかし、登る人が頂上に立つことを信じて疑わず、登る前からワクワクとイメージをふくらませ、途中に苦しいポイントがあっても、あきらめずにイメージ通りに登り遂げたなら、それは同等に価値のあることです。

このようにして高尾山に登った人は、いずれエベレストにも登れるでしょう。

もうひとつ、エベレストに登ろうとしている人が、どうしても壁にぶち当たってしまったら、**ときには高尾山に登り直してみるのも有効な方法**です。

壁にぶち当たっている状態のときには、なかなかプラスイメージが持てなくなっているのです。

せっかく「エベレストを踏破するぞ」と「プラスの入力」をしているのに、そのそばから「でもな」と「マイナスの出力」がなされてしまうからです。

このマイナスの出力をプラスに変えない限り、脳は「できない」理由を次々とつくり出してしまいます。

同等の価値がある成功
成功
エベレスト
成功
高尾山
高尾山
高尾山
高尾山
高尾山
高尾山
高尾山
高尾山
高尾山
山
高尾山
高尾山
高尾山
高尾山
高尾

その**イメージ転換が頭の中だけではできなくなったなら、フィジカルの力を借りましょう。**

第1章に紹介した、足が遅かった中学生のことを思い出してください。できることだけを反復して、いいイメージを脳に叩き込めば、なんでもできるようになります。得意の高尾山に登って、〝できる自分〟を満喫してください。

おわりに

最後までお読みいただき、ありがとうございました。

私たち人間は、生まれつきプラス思考、マイナス思考が決まっているわけではありません。

しかし実際には、物事に対して「無理だ」「できない」「嫌いだ」とマイナスの反応をする人もいれば、「簡単だ」「できる」「楽しい」とプラスの反応をする人もいます。

この違いは、どのようにして起こるのでしょうか？

それは、私たちが生まれてからこれまでの人生の中で、ある瞬間を境に脳の反応が変わって起きているのです。

そして、なぜこのように脳の反応が変わってしまうのかというと、すべては脳に反復して記憶されている脳の「記憶データ」が関係しているからです。

私たち人間の一生は、すべて脳の「記憶データ」によって決まってきます。

たとえば、マイナスの記憶ばかりが蓄積されていると、なにをしようとしても、その記憶データによって、「無理だ」「できない」という反応になってしまうのです。

さらにいうと、ここに記憶されているのは、実際に失敗をしたダメな経験や体験だけではありません。

実は、私たちの脳は、失敗経験やダメな体験をしてもいないのに、その物事に対して否定的でマイナスのイメージをしただけでも、同じように記憶してしまうのです。

つまり脳は、イメージと現実の区別ができないのです。

このため、人間は知らないうちに、マイナスのイメージトレーニングを常に繰り返して、自分はできないと否定的な感情をつくり出してしまうわけです。

本書ではこうした人間の脳の機能を逆手にとって、脳をプラスのイメージにすることで、本来持っている脳の力を最大限に発揮していくことを目的に勉強法について書きました。

ぜひ頭でわかっただけでなく、日々の生活の中で実践して、行動に移していってください。

本書が将来を大きく変えるきっかけになっていることを心から願っています。

２０１７年12月

西田一見

著者プロフィール

西田一見 Hatsumi Nishida

メンタルトレーナー&目標達成ナビゲーター
株式会社サンリ 代表取締役社長
JADA[日本能力開発分析]協会 代表
JADA認定SBTグランドマスターコーチ

1973年生まれ。サンリ能力開発研究所にて大脳生理学と心理学に基づく科学的なメンタルトレーニングの研究をはじめ、脳の機能にアプローチする画期的な潜在能力開発プログラム「SBT(スーパーブレイントレーニング)理論」を指導。

さまざまな心理分析データから夢・目標達成をサポートする「目標達成ナビゲーター」として、講演・講習などですでに数百万人もの指導実績を持つ。

ビジネスパーソンへの個人指導をはじめ、Jリーガー、プロ野球選手、プロゴルファーなど、トップアスリートのメンタルトレーニングにもあたっている。また、小中高生を対象とした目標達成のための受験指導でも高い評価を受けている。

近年では上場企業をはじめとした企業の社員教育にも力を注ぎ、「社員のやる気が根本から変わり、組織が急激に伸びていく」と講演依頼も多数。

『笑っていいとも!』(フジテレビ系列)、『たけしのニッポンのミカタ!』(テレビ東京系列)のテレビでも取り上げられ、話題となる。『anan』(マガジンハウス)、『BIGtomorrow』(青春出版社)、『プレジデントファミリー』(プレジデント社)、『美的』(小学館)、『FYTTE』(学研パブリッシング)などの雑誌への寄稿も多数。

主な著書に、ベストセラー『成功する人は、なぜジャンケンが強いのか』(青春出版社)、『いやな上司はスタバに誘え!』(ビジネス社)、『痩せるNo.1理論』『ビジネスNo.1理論』『脳から変えるNo.1社員教育』『イヤな気持ちは3秒で消せる!』(現代書林)などがある。

西田一見 公式ウェブサイト http://nishida-hatsumi.com/
西田一見 フェイスブック https://www.facebook.com/nishidahatsumi
株式会社サンリ ウェブサイト http://www.sanri.co.jp/

本書をご購入いただいた方限定の無料特典!!

西田一見から感謝を込めて、

読者の皆様へお贈りします。

目標達成のために、どうぞ活用してください。

目標達成のための思考法

音声解説ダウンロード

http://www.nishida-hatsumi.com/dl/

※無料特典はWEB上で公開するものであり、CD、DVDなどで郵送するものではありません。

本件に関するお問い合わせは、株式会社サンリまで

webmaster@sanri.co.jp

一流《いちりゅう》になる勉強法《べんきょうほう》

2018年 1 月25日　初版第 1 刷
2024年 8 月 8 日　　　第 3 刷

著　者 ―――― 西田《にしだ》一見《はつみ》
発行者 ―――― 松島一樹
発行所 ―――― 現代書林
〒162-0053　東京都新宿区原町3-61　桂ビル
TEL／代表　03(3205)8384
振替00140-7-42905
http://www.gendaishorin.co.jp/

ブックデザイン ―――― 吉崎広明（ベルソグラフィック）
図版＆イラスト ―――― にしだきょうこ（ベルソグラフィック）
装丁使用写真 ―――― lightpoet/Shutterstock.com（表 1 ）
Jacob Lund/Shutterstock.com（表 4 ）

印刷・製本　広研印刷㈱
定価はカバーに表示してあります。
万一、落丁・乱丁のある場合は購入書店名を明記の上、小社営業部までお送りください。送料は小社負担でお取り替え致します。
この本に関するご意見・ご感想をメールでお寄せいただく場合は、info@gendaishorin.co.jp まで。

ISBN978-4-7745-1680-6 C0030